# Elaine Camargo

# 365 DIAS

DIAGNÓSTICO:

## câncer de mama

365 dias – diagnóstico: câncer de mama © Elaine Camargo, 10/2024
Edição © Crivo Editorial, 10/2024

Edição e Revisão  Roberto Cezar
Capa, Projeto gráfico e diagramação  Luís Otávio Ferreira
Coordenação Editorial  Lucas Maroca de Castro

Dados Internacionais de Catalogação na Publicação (CIP) de acordo com ISBD
Elaborado por Alessandra Oliveira Pereira CRB-6/2616

C172t     Camargo, Elaine.
           365 dias diagnóstico [manuscrito] : câncer de mama/ Elaine Camargo. – Belo Horizonte: Crivo, 2024.
           192p.: il., fots., p&b.; 15,5 cm x 23 cm.
           ISBN: 978-65-89032-85-4
           1. Autobiografia. 2. Câncer em mulheres. 3. Mulheres – Doenças. I. Título.
                                         CDD 920.72
                                         CDU 92-055.2

Índice para catálogo sistemático:
1. CDD 920.72 Biografia de Mulheres
2. CDU 92-055.2 Biografia: Mulheres

**CRIVO EDITORIAL**
r. Fernandes Tourinho // n. 602 // sl. 502
30.112-000 // Funcionários // BH // MG

🌐 crivoeditorial.com.br
✉ contato@crivoeditorial.com.br
ⓕ facebook.com/crivoeditorial
ⓘ instagram.com/crivoeditorial
🛒 loja.crivoeditorial.com.br

DIAGNÓSTICO CA

CID: C-50

ESTOU DOENTE;

NÃO SOU DOENTE!

7   PREFÁCIO

9   INTRODUÇÃO

11   QUEM SOU!

17   DIAGNÓSTICO ASSUSTADOR COM TARJA PRETA

23   E AGORA?

29   A PRIMEIRA AÇÃO NA BUSCA DO EU

35   ACESSANDO UM MUNDO DESCONHECIDO

39   MERGULHO INTERIOR

43   PLANEJANDO A TRILHA DE UM CAMINHO...

45   EM BUSCA DA CURA, DA LUZ!

59   PIPOCA E BORBOLETA, SIGNIFICADOS NA MINHA VIDA

63   VISLUMBRANDO POSSIBILIDADES DE NOVO HORIZONTE

69   A NONA SINFONIA COM EXPERIÊNCIA DE QUASE MORTE!

79   VISITA À UTI: INTERAGINDO COM
    O OUTRO LADO DO PORTAL

89 DANÇA DE RODA: MINHA CRIANÇA INTERIOR!

93 CONSULTA EXTRAORDINÁRIA, CORTINA DE VIDRO

97 DESCOBERTA DO MAGNÍFICO

101 PORTAS ESCANCARADAS AO INVISÍVEL

119 FEMINILIDADE EM BUSCA DA FORÇA COM CORAGEM!

131 CONCLUSÃO INEVITÁVEL

137 MOMENTO DE CELEBRAR A VIDA, SEMPRE!

139 ABACATE FLORESCEU E ME TROUXE
NA SUSTENTAÇÃO DA VIDA

149 UMA LÓGICA QUE VEIO ACALENTAR

157 NO ÂNIMO DE CERTEZAS

165 MEDICINA BIOFAO: NOVO PARADIGMA

171 DECLARAÇÕES DE PROFISSIONAIS
QUE PARTILHAM O CAMINHO

175 ENCONTROS TRANSFORMADORES E O PODER DA CURA

179 GANHO DE POTÊNCIA

183 HOJE SOU GRATA AO CÂNCER!

185 AGRADECIMENTOS

# PREFÁCIO

Os eventos inesperados da vida são inflexões importantes para determinar – e partir de nossa essência – qual caminho seguir. Nessa obra, é possível vivenciar uma trajetória genuína, marcada por uma filosofia única, capaz de ressignificar um instante delicado e inesperado, transformando-o em uma vivência mais leve, sem se distanciar da seriedade que o cerca.

Esta autobiografia envolve o leitor desde o momento em que a autora recebe o diagnóstico de câncer de mama até os últimos momentos do tratamento, proporcionando um olhar íntimo sobre os sentimentos e pensamentos vividos, dos desafios à superação. Em meio a tantas possibilidades, o mais importante aconteceu: Elaine Camargo definiu qual direção percorrer. E você, qual caminho vai escolher?

*Gustavo Camargo*

# INTRODUÇÃO

"Elaine, uma educadora física de seus quarenta e muito poucos anos, sempre foi conhecida por sua energia contagiante e espiritualidade forte. No entanto, sua vida tomou um rumo inesperado quando recebeu o diagnóstico de câncer de mama. Determinada a enfrentar a doença com coragem, Elaine embarcou em um árduo tratamento que incluiu quimioterapia, cirurgia, radioterapia e imunoterapia complementar. Cada etapa trouxe desafios significativos, desde os efeitos colaterais debilitantes da quimioterapia, sonhos e visitas extrassensoriais durante a infusão da medicação, segundo relatos próprios em consulta de reavaliação, até a recuperação pós-cirúrgica e nova conversa com seus amigos de outra dimensão.

No entanto, manteve sua fé inabalável e encontrou força em sua espiritualidade, utilizando meditações e orações como ferramentas essenciais para lidar com o processo. Durante o tratamento, tive a impressão de que o apoio familiar foi um pilar crucial para aliviar a sua jornada dentro do possível estabelecido, e sua irmã, colega médica, esteve ao seu lado em cada consulta, oferecendo não apenas conhecimento médico, mas também um conforto emocional importante.

Outro fator muito importante foi a confiança que Elaine depositou na equipe médica e a fé no sucesso do tratamento, ferramentas fundamentais para sua recuperação e sua motivação para seguir até o final da caminhada. Atualmente iniciará o seguimento por longos rápidos cinco anos, pois apresentou resposta tumoral completa após a associação de quimioterapia com imunoterapia realizada antes do procedimento cirúrgico, em que o colega patologista não visualizou nenhuma célula neoplásica no microscópio do material examinado após a cirurgia. Esse resultado confere um melhor prognóstico para a paciente.

Espero que, após os obstáculos vencidos, possa olhar para o futuro com renovada esperança, continuando a inspirar todos ao seu redor com sua resiliência, gratidão e espiritualidade. Que permaneça comprometida com sua saúde física e emocional, integrando práticas de bem-estar em sua rotina diária e espalhando uma mensagem de perseverança e fé para aqueles que enfrentam desafios semelhantes. Foi um grande prazer e uma grande honra poder colaborar de alguma maneira no sucesso, mesmo que inicial, do seu tratamento. Vamos em frente com Deus no comando até a alta oncológica por volta de 2029; logo ali."

**DR. RODOLFO GADIA**
Médico Oncologista

# QUEM SOU!

$S$ou Elaine Camargo Felix Figueira de Mello, nascida no dia 10 de novembro de 1968, dia de domingo, em São Paulo, capital, no Hospital Beneficência Portuguesa, às 16h45. Sou do signo de escorpião e nasci de parto normal, filha de Ondina Camargo Felix e de Fernando Figueira de Mello.

Avós maternos: Vovó Honorata e Vovô Antenor.

Avós paternos: Vovó Zenaide e Vovô Theodorico.

Bisavós maternos: Laurindo e Mariquinha, João e Carmelina.

Bisavós paternos: Jaime e Labibe, Hermínio e Augusta.

Numerologia da minha data de nascimento: 10/11/1968 – resultado: nº 9 (Foi meu presente, a primeira dádiva que ganhei!).

A numerologia está relacionada à conexão com o Divino e à busca por um propósito maior. Cada número possui uma vibração energética única e pode representar qualidades como: amor, sabedoria, compaixão e poder espiritual.

A soma dos números da data de nascimento é a nossa lição de vida, isto é, aquilo que eu preciso aprender. É o principal desafio que precisa ser superado. Ao mesmo tempo, esse elemento expressa onde está o nosso poder.

9 – EUZINHA! Número que simboliza finalização de ciclos, associado à sabedoria. Simboliza a inteligência emocional de saber avançar em direção a um novo começo, de ter cautela em suas ações, incluindo o gerenciamento das emoções, de refletir sobre suas experiências passadas e identificar áreas

em que se pode melhorar. Finalizar projetos e tarefas pendentes. Adaptar-se às mudanças e superar obstáculos. Concluir o que se começou. Expressar amor e gratidão por pessoas que estão ou que passaram em sua Vida. A energia do 9 é para deixar irem emoções negativas e mágoas do passado. É libertador permitir que se avance com mais leveza e clareza emocional. Avançar em direção a novo começo, dedicar tempo à espiritualidade, nutrindo uma forte conexão consigo mesma, e assim trazer mais clareza sobre o seu propósito de Vida!

Euzinha sou do signo de escorpião (oitavo signo astrológico do zodíaco, originário da constelação de *Scorpius*, pertence ao elemento água e é regido por Marte), nasci no dia 10 e pertenço ao segundo decanato desse signo. Na astrologia, são mais imaginativos, criativos e menos fundamentados do que os outros escorpianos. É frequentemente associado a mistérios e intensidade emocional, natureza apaixonada e a um magnetismo e uma determinação inabaláveis. Os nativos desse signo tendem a ter força e capacidade de se reinventarem, mesmo diante de situações difíceis. São pessoas questionadoras, otimistas, intensas, intuitivas e misteriosas. Positivas e prestativas, têm uma excelente energia que contagia todos à sua volta. São fascinadas pelo mistério e pelo mundo espiritual e metafísico. São boas investigadoras, além de terem uma capacidade de enxergar o que está oculto e de perceber detalhes que outras pessoas não veem com facilidade. O signo de escorpião anseia por profundidade e intensidade. O que o irrita? Desconfiança e superficialidade.

Adoro a Lua Cheia (a Lua Cheia forma um ângulo de 180° com o Sol; enquanto a luz do Sol traz consciência, a luz da Lua está associada ao novo mundo subconsciente e emocional), tenho uma conexão com a sua energia, sinto respirar a sua luz; é transformador. Sinto as vibrações e um desejo incontestável de mudar algo na rotina, principalmente quando alguma coisa está me incomodando o coração. Reformular configurações, traçar novos limites, enfim, transformar as situações vividas ou fortalecer o que estou vivendo – assim é a energia da Lua Cheia em mim; é nutrição energética, é minha terapeuta!

Curiosidade:

Comemora-se no dia 10 de novembro:

– Dia Mundial da Ciência pela Paz e pelo Desenvolvimento;

– Dia do Trigo;

– Dia Nacional de Combate à Surdez;

– Dia Mundial do Ceratocone (Córnea);

– Dia Nacional do Intensivista.

Sou a caçulinha de quatro irmãos: o primeiro irmão é Fernando César Ruicci (parte de pai); a segunda irmã é Liliane Camargo Felix Figueira de Mello; a terceira irmã é Eliane Camargo Felix Figueira de Mello; sou a quarta filha, a caçulinha!

Cresci com as minhas irmãs; o irmão fui conhecer e ter contato muuuitos anos depois. Hoje convivemos os quatro irmãos.

Fui uma criança ativa, disposta, brinquei bastante, levei bronca, chorei, ri, tinha sonhos e tenho histórias com minhas irmãs, meus pais, avós, tios, primos, vizinhos, colegas e desconhecidos também. Brinquei na rua, fiz artes, andei de bicicleta escondida de meus pais (não deixavam andar de bicicleta). Daria um livro a escrever... Comia pipoca (sou apaixonada por pipoca até hoje), chocolates, balas, chicletes, pirulitos; comia frutas (adoro abacate até hoje) e comida. Não fui e não sou chegada em carne vermelha; prefiro frango e peixe e troco tudo por um ovo.

Na escola, comunicativa, atenta aos assuntos que me interessavam, e muitas histórias. Fazia estripulias também. Sempre gostei das aulas de educação física. Eu e minhas irmãs participávamos todos os anos do desfile de 7 de setembro como balizas (dançarinas realizando as coreografias de acordo com os acordes da fanfarra/banda). Era muito divertido desde os ensaios até o dia tão esperado do desfile/apresentação na rua, na avenida. Nessa época morávamos em Ribeirão Preto e nós três fazíamos ginástica olímpica, brincávamos na rua, tínhamos muita amizade. Era uma turma grande de crianças que moravam na mesma rua; era muito divertido.

Cresci morando nas cidades de São Paulo e Ribeirão Preto, estado de São Paulo, alguns anos em cada cidade. Em 1982, minha irmã Liliane (Lili) passou no vestibular em medicina na Universidade Federal de Uberlândia (UFU), em Minas Gerais, e nossa família se mudou para as terras mineiras, onde cresci, passei minha adolescência, estudei o ensino fundamental ll, o ensino médio, fiz faculdade, fiz 1° comunhão – igreja católica, catedral.

Era bem aplicada na igreja católica desde Ribeirão Preto e São Paulo. Ia às missas todas as semanas, e o meu terço era todo preto, de contas pretas, presente de minha avó Honorata, mãe da mamãe; era dela o terço. Tenho-o até hoje guardado; me envolve de boas energias.

A religião em nosso lar esteve sempre presente. Fui batizada na igreja católica e o espiritismo já fazia parte de nossas rotinas. Mamãe frequentava centro espírita e tomávamos passe desde São Paulo e Ribeirão Preto. Em Uberlândia, na adolescência, participei mais da Doutrina Espírita, frequentando centro espírita em palestras, estudos e trabalhos.

Tive um momento muito especial na minha adolescência. Vou relatá-lo:

Eu e mamãe fomos à casa de Valdelice, amiga de mamãe, médium. Ela fazia pintura mediúnica com os pés, era trabalhadora do centro espírita que frequentávamos, e nessa tarde estávamos sentadas na sala de visita quando eu adormeci sentada no sofá. Nesse momento, a mamãe queria me acordar; onde já se viu dormir em uma visita?! A Valdelice falou para a mamãe que me deixasse dormir. Quando eu acordei, estavam as duas conversando, e sorri, um pouco sem graça por ter pegado no sono na casa de outra pessoa, então a Valdelice me perguntou: "Tudo bem? Dormiu bem?" E respondi: "Dormi gostoso e até sonhei!" Ela me pediu para contar o sonho: "Sonhei com um homem, mais velho, com barba, bigodes embranquecidos, de terno, olhar um pouco sorridente, mas sério, que me levou para um jardim muito bonito, com flores coloridas e muito verde, e após ficarmos um pouco nesse jardim, retornamos ao seu sofá, Valdelice; ele ficou sentado ao meu lado por mais algum tempo, e acordei agora, com uma sensação muito boa que não sei explicar".

Valdelice se levantou, foi ao seu escritório e trouxe até mim uma imagem em papel maior do que o tamanho de uma folha de papel sulfite. Era o busto de um homem. Ela me perguntou: "Era esse homem em seu sonho?" Eu confirmei. Era sim o homem do meu sonho e que me deixou com a sensação tão boa. Ela me falou que o homem com que sonhei era Dr. Bezerra de Menezes, que foi médico, já havia desencarnado e, no plano espiritual, ajudava muitas pessoas. Disse ainda que, se eu precisasse de alguma coisa, era para pedir a ele, seja proteção ou qualquer outro pedido, e tenho desde então a figura de Dr. Bezerra de Menezes comigo.

Aqui em terras mineiras, a Vida foi acontecendo. Segui feliz, de bem com a Vida, agradecida a tudo e a todos de forma a entender que cada um é um e de acreditar no universo e em sua energia. Estudei, me profissionalizei; sou professora de Educação Física. Meus pais se separaram, meu pai casou-se de novo; tenho a Sissi, esposa do papai, em meu coração. Casei-me em 1990, tenho meus tesouros, meus filhos Carolina Camargo de Mello Rosa e Gustavo Camargo de Mello Rosa. Trabalhei muito como professora de ginástica, hidroginástica, *personal trainer*, em empresa com ginástica laboral, e assim foram alguns anos em desafios e conquistas.

Quase ao completar 22 anos de casada, me separei, em 2012. Foi um baque em minha Vida. Perdi um chão que jamais pensava; foi uma bomba atômica que vi em minhas mãos, e tive que agir. Pensava em mim e em meus filhos, fui a cada dia de cada vez, um pouco a cada dia, resolvendo as situações e administrando o meu emocional, o emocional de meus filhos, tentando compreender, entender e seguir com todo o ocorrido, administrar o financeiro, administrar o dia a dia, rotina, moradia… e fui… seguindo… a cada dia uma nova força. E consegui resolver o que tinha que ser resolvido de forma física e emocional. Venci!

Tive alguns diagnósticos como: anemia (desde criança, acentuava em algumas épocas), hipotireoidismo, pseudo-hipoparatireoidismo, síndrome do túnel do carpo – para a qual tinha até cirurgia marcada para fazer e não fiz (fui me dedicar mais ao tratamento em acupuntura). Era paciente, e quem se dedicou à minha cura foi a Ana Cabral, minha acupunturista, que me despertou curiosidades por essa medicina chinesa, me encantou em sua atuação energética no corpo. Então resolvi me profissionalizar, me tornei acupunturista e trabalho com o corpo físico e energético.

Fiz, no decorrer de algumas doenças durante a minha Vida, tratamento com BioFAO. É uma proposta de tratamento que, por meio de informações eletromagnéticas conduzidas por uma combinação de remédios homeopáticos, reequilibra a saúde promovendo a auto-organização do sistema corporal, proporcionando a cura de doenças agudas e crônicas.

Sempre fui uma pessoa que não gostava muito de remédios; preferia um chá aos medicamentos! E, com a associação de tratamentos na medicina alternativa, me curei da síndrome do túnel do carpo e das doenças da tireoide. Sou grata!

Dedico-me aos filhos, à família, ao namorado Marcos, ao trabalho, aos amigos e às amigas especiais. Cada um me ajudou e continua me ajudando na sustentação do meu ser.

Tive, no decorrer desta existência, vários desafios, alguns bons, outros não tão bons, alegrias, tristezas, confiança, desconfianças, amores, desamores, medo, pavor, impulsos, arrependimentos... ainda não sei; sei que o que fiz, realizei ou pensei foi o melhor de mim naquele momento, então me entendo e me permito, me vejo consciente a enfrentá-los e a resolvê-los dentro de minhas possibilidades e planejamentos. Arrepender do que não fiz é difícil; gosto de fazer e, se me arrepender, é por algo que fiz. Sou uma pessoa que sonha. Acredito em meus sonhos e vou seguindo de forma a realizar o que quero e planejo. Sou determinada, vou atrás do que quero, sou intensidade, sou sensitiva e sensível, coloco energia na execução do que for preciso, seja trabalho, seja pessoal ou na ajuda ao próximo. Tenho dor, sofrimento, sinto e me percebo, procuro ter consciência de tudo que me acontece no sentido de agir para resolver o que eu posso resolver, no meu limite. O que depender somente de mim, vou e resolvo, e se depender de mais alguém, que esteja no processo, eu resolvo a minha parte e sigo no entendimento de que cada um é um. Procuro entender cada situação; não tenho medo de iniciar e de começar tudo de novo.

Guardei rancor, sentimentos, engoli sapo; um tanto bom que não conseguia falar o que estava no meu pensamento pronto para sair. E no coração, me sentia determinada para muitas situações, ações, mas... para me expressar, tinha uma trava que me segurava e me aprisionava. Dentro de toda a educação e informação recebidas, eu me achava na obrigação de tolerar, de aceitar e de me calar. Procurei dentro de mim mudar toda essa situação, porque não me admirava tanto em determinadas situações. Através de estudos, palestras, conversas, troca de experiências, ensinamentos, consegui ajuda para ser quem eu sou hoje! Hoje, eu sou a minha melhor versão! Me amo mais!

# DIAGNÓSTICO ASSUSTADOR
# COM TARJA PRETA

Trabalho como *personal trainer* e tenho alguns alunos; trabalho também com ginástica laboral na empresa em Uberlândia, onde moro, e tenho um consultório onde atendo com acupuntura. O dia a dia é um pouco corrido, mas agradável, e administro com a rotina de meus filhos, Carol e Gu, com a minha mãe, Ondina, com meu namorado, Marcos, com os afazeres domésticos, esportes, lazer, e ainda cultivo as amizades e os lanchinhos com as migas.

Em um certo dia do corre-corre da semana, cheguei para dar aula para minha aluna Juju, que gosto e admiro muito. Ela é neta de minha aluna D. Rosly, e foi um pedido muito especial da avó e da tia Elisa para eu estar junto à Juju em atividades físicas, trabalhos manuais, brincadeiras recreativas, muita conversa e alegrias. Juju é uma mulher linda por dentro e por fora, é uma pessoa especial, com síndrome de Down, e tem todo o jeitinho meigo e carinhoso de lidar com tudo e com todos. Ela é muito sensível a tudo, antena ligada sempre, percebe tudo ao redor, adora Coca-Cola (o olhinho brilha quando vê uma) e, sempre quando eu chegava e terminávamos nossas atividades, a Juju me abraçava. Houve dias de abraços apertados, colocando sua cabeça em meu peito, e ali ficávamos alguns minutos aproveitando toda aquela energia tão boa e agradável, e teve um dia que a Juju me abraçou, no início da aula, e senti uma fisgadinha dolorida em minha mama esquerda, próximo ao osso externo na linha média, no quadrante superior da mama, e após terminar o abraço, fui com os dedos fazer uma massagem ou fricção no local para melhorar aquela dorzinha, então percebi um carocinho saliente, bem perceptível ao toque. Fiquei preocupada por sentir o carocinho, e toda vez que encostava, tinha uma dorzinha como fisgada, mas a aula aconteceu. Não nego que a preocupação estava presente. Ao término da aula, deixei a Juju em seu apartamento e fui rapidinho buscar a Carol, minha filha, em seu trabalho. Carol é médica recém-formada, e quando entrou no carro, já comentei com ela e pedi que, ao chegarmos em casa, ela me examinasse. E assim foi. Ela me examinou e constatou o nódulo na mama. Relatei o ocorrido, falei da dor que sentia ao palpar. Ela percebeu e me falou: "Mami, vamos fazer uma mamografia".

Entrei na menopausa com 52 anos, mas não tenho nem tive sintomas. Desde então a médica ginecologista me aconselhou o autoexame de mama periodicamente. Eu tinha como hábito de todo sábado passar o meu óleo corporal e fazer a palpação em dedilhado em minhas mamas em frente ao espelho (com as pontas dos dedos sentia toda a mama com movimentos circulares, de cima para baixo, repetindo nas duas mamas com o braço do lado da mama a ser examinada levantado e a mão atrás da cabeça, atenta na percepção do que estava sentindo). No sábado anterior não havia percebido nenhum nódulo e muito menos dor ao tocar a mama. A minha aula com a Juju havia sido perto do final da semana.

No mesmo dia, após o almoço, liguei para minha amiga Denize, médica radiologista que trabalha em uma clínica de imagens em Uberlândia, contei o ocorrido e falei que o desejo era marcar uma mamografia, como Carol havia sugerido. De prontidão ela pediu um tempinho na ligação e, retornando, me falou: "sua mamografia está marcada para segunda-feira (dia 20 de março de 2023). Amiga, na parte da manhã, às oito horas, irei acompanhar, e esse nódulo será um cisto (um cisto pode parecer uma uva ou um balão de água ou ser firme, lesão benigna), não se preocupe".

Denize, minha amiga, tinha passado há algum tempo por um diagnóstico de câncer de intestino. Participei do processo da doença, da cirurgia, da recuperação e, graças a Deus, ela está curada. E devido ao que passou, imagina como ficou Denize com o meu relato; preocupada, mas confiante de que não seria nada sério, e sim corriqueiro.

E na segunda-feira, dia 20 de março de 2023, eu estava na clínica em horário marcado com a recepção de minha amiga Denize. Fomos para a sala de exame da mamografia, ela me apresentou à técnica que iria realizar o exame, fez as recomendações, se retirou da sala de exame e pediu que avisasse assim que finalizasse. Começamos o exame de mamografia tão esperado durante esse final de semana; que foi uma eternidade, confesso!

Durante as imagens colhidas, a técnica me pedia para mudar de posição, apertava a mama aqui, apertava ali, para que tivesse imagens bem precisas, e tivemos um momento em que ela não estava conseguindo focar em um determinado ponto na mama, então chamou a Dra. Denize para auxiliá-la. Denize veio, fez as orientações necessárias e assim colheu a imagem. Diante dessa imagem e das outras já registradas ali mesmo, na sala de exame da mamografia, minha amiga falou que realmente tinha um nódulo e que era para irmos em outra sala, pois ela mesma iria fazer o exame de ultrassonografia para sabermos se era líquido (acreditava) ou massa. E nos dirigimos a sua sala. Fui preparada por uma enfermeira para a realização do exame de ultrassonografia, e Denize começou o exame com as medidas, conversando sempre comigo, muito positiva, e constatou que não era líquido, não era cisto e sim um nódulo, uma massa mamária. Nesse instante conversou muito comigo e me propôs uma avaliação com a médica da clínica especialista em mama, perguntando se eu concordaria em chamá-la naquele momento. Eu, mais que depressa, concordei. Imagina!! Estava tendo toda a assistência necessária naquele momento já. Se fosse nos trâmites normais, demoraria alguns dias, pois sair do espaço e marcar com a secretária de acordo com a agenda da médica iria demorar, acredito. No meu caso, e muito grata pela amizade, foi tudo no mesmo período do dia, numa manhã de segunda-feira. A médica Dra. Mariana chegou, muito simpática, me examinou, fez exame também de ultrassonografia e constatou o laudo de Dra. Denize. Então se dirigiu a mim e me perguntou: "Amanhã é terça-feira. Você tem disponibilidade às 7h da manhã para fazermos a punção mamária? Será necessária a biópsia do nódulo para sabermos ao certo que tipo de massa temos. Será uma análise anatomopatológica".

BIÓPSIA: É um exame realizado com agulha grossa que permite obtenção de fragmentos de tecido mamário, o que melhora a capacidade diagnóstica, além de permitir a realização do exame de imuno-histoquímica, essencial para a programação terapêutica nos casos de câncer de mama.

Eu, mais que depressa, concordei com o horário de terça-feira (dia 21 de março de 2023). Ela me passou as orientações e recomendações para a realização do exame da biópsia às 7h da manhã.

Na terça-feira, dia 21 de março de 2023, estávamos lá, eu e minha irmã Liliane, médica (sua especialidade é UTI pediátrica e medicina BioFAO), para concluirmos essa etapa. Foi um exame um pouco dolorido, mesmo com anestesia local. A área da mama esquerda de que se tiraram os fragmentos através da agulha ficou dolorida. Saí com curativo e recomendação de dois dias de repouso em atividades físicas. Saímos do procedimento realizado com o material colhido na biópsia direto para o laboratório Centro de Diagnóstico de Patologia, em Uberlândia. O tempo do laboratório para o resultado desse tipo de exame era de alguns bons dias, e devido à médica pedir urgência, tivemos no dia 23 de março de 2023 uma ligação do laboratório falando que o resultado do anatomopatológico estava pronto e pedindo autorização para a realização do exame de imuno-histoquímica, que é feito com o mesmo material colhido na biópsia. Autorizei a realização desse novo exame. No dia 30 de março de 2023, saiu o resultado.

Diagnóstico: Carcinoma Invasor do Tipo Não Especial (OMS) GRAU lll de Nottingham - Triplo Negativo - Mama Esquerda.

Dra. Eliana Chaves Salomão
CRM - MG 14.079

Dr. Frederico Chaves Salomão
CRM - MG 46.163 | RQE - 30.667
Responsável Técnico

**Nome:** ELAINE CAMARGO FELIX FIGUEIRA DE MELLO  **Idade:** 54 Anos  **Gênero:** F  **Exame nº:** 23-2855AP
**Médico:** Mariana Rosa Canozzo
**Entrada:** 21/03/2023
**Procedência:** Pró Imagem  **Convênio:** PARTICULAR  **D.Coleta:** 21/03/2023
**Mat.Coletado:** Fragmentos de mama esquerda
**Hr.Coleta:** 08:00h
**Emissão:** 23/03/2023

## ANATOMO PATOLÓGICO

**MACROSCOPIA**
Recebidos, em frasco contendo formalina, quatro fragmentos teciduais filiformes, medindo entre 0,5 cm e 1,0 cm de comprimento, de coloração branco-amarelada e consistência firme-elástica. Para processamento, 04 fragmentos em 01 bloco, sem sobra.

**DIAGNÓSTICO APÓS MICROSCOPIA**
Produto de biópsia de nódulo de mama esquerda (9h), apresentando:
> **CARCINOMA INVASOR DO TIPO NÃO ESPECIAL (OMS) grau III de Nottingham** (arquitetural 3, nuclear 3 e mitótico 3), ocupando quase completamente os 04 fragmentos; exibindo
- infiltrado linfocitário peritumoral: moderado a acentuado;
- infiltrado linfocitário intratumoral: moderado;
- fibrose intratumoral: presente;
- microcalcificações: não identificadas;
- invasão vascular: não identificada.

**NOTA**
O estudo imuno-histoquímico deve ser realizado para avaliar os fatores preditivos e prognósticos. Nos colocamos a disposição para realizá-lo, caso haja indicação clínica.

Dr. Frederico Chaves Salomão - CRM MG - 46163
assinado eletronicamente

Dra. Olívia Felix Marconi Andaléclo - CRM MG - 54036
assinado eletronicamente

34 3236.9490 . 34 3214.1837 | rua tenente virmondes, 207 . centro . uberlândia . mg

Dra. Eliana Chaves Salomão — CRM-MG 14.079
Dr. Frederico Chaves Salomão — CRM-MG 46.163 | RQE - 30.667
Responsável Técnico

**Nome:** ELAINE CAMARGO FELIX FIGUEIRA DE MELLO  **Idade:** 54 Anos  **Gênero:** F  **Exame nº:** 23-0210IH
**Médico:** Anna Silvia J. de Freitas B. Lucas  **Entrada:** 23/03/2023
**Procedência:** Consultório  **Convênio:** PARTICULAR  **D.Coleta:** 21/03/2023
**Mat.Coletado:** Fragmentos de mama esquerda  **Hr.Coleta:** Não informada
**Exames anteriores:** 23-2855AP;  **Emissão:** 30/03/2023

## IMUNO HISTOQUÍMICA

### DADOS CLÍNICOS
Carcinoma invasor do tipo não especial (OMS) grau III de Nottingham.

### MATERIAL
Fragmentos de nódulo de mama esquerda (9h).

### IDENTIFICAÇÃO DO MATERIAL
Bloco de parafina previamente identificado, sendo o bloco AP23-2855, submetido a novos cortes para pesquisa imuno-histoquímica dos seguintes antígenos:
* Receptor de estrógeno (anticorpo monoclonal de coelho, clone EP1)
* Receptor de progesterona (anticorpo monoclonal de camundongo PgR 636)
* Proteína HER-2/ c-erbB-2 (anticorpo policlonal de coelho)
* Antígeno Ki-67 (anticorpo monoclonal de camundongo, clone MIB-1), marcador nuclear de células em proliferação
* Citoqueratina 5/6 (anticorpo monoclonal de camundongo, clone D5/16 B4) marcador de epitélio escamoso, urotélio e mesotélio
* E-Caderina (anticorpo monoclonal, clone NCH-38), proteína de membrana relacionada a adesão celular

### EXAME MICROSCÓPICO:
Controles positivos e negativos externos atestam a fidelidade da reação dos anticorpos receptos de estrógeno, receptor de progesterona e HER2.
Controles positivos e negativos externos e internos atestam a fidelidade da reação dos anticorpos Ki67 e citoqueratina 5/6.

### ANTÍGENOS:

| Marcador | Bloco | Clone | Resultado |
|---|---|---|---|
| Receptor de estrógeno | Único | EP1 | Negativo |
| Receptor de progesterona | Único | PgR 636 | Negativo |
| HER2 | Único | Policlonal | Negativo (0/3+ ASCO/CAP) |
| Ki67 | Único | MIB-1 | Positivo em cerca de 70% das células, nos "hot spots" |
| Citoqueratina 5/6 | Único | D5/16 B4 | Positivo em poucas células |
| E-Caderina | Único | NCH-38 | Positivo |

### CONCLUSÃO:
CARCINOMA INVASOR DO TIPO NÃO ESPECIAL, GRAU III DE NOTTINGHAM, EM BIÓPSIA DE NÓDULO DE MAMA ESQUERDA, EXIBINDO PERFIL IMUNO-HISTOQUÍMICO EXPRESSO NA TABELA ACIMA, VIDE NOTA.

### NOTA
Embora a ausência de controle interno do receptor de estrógeno e receptor de progesterona limitem a confiabilidade do método, a presença de controle externo positivo e negativo, o aspecto morfológico e demais resultados do estudo imuno-histoquímico favorecem o subtipo triplo negativo.

Dr. Frederico Chaves Salomão - CRM MG - 46163
assinado eletronicamente

Dra. Olívia Felix Marconi Andaleício - CRM MG
assinado eletronicamente

34 3236.9490 · 34 3214.1837 | rua tenente virmondes, 207 . centro . uberlândia . mg

# E AGORA?

Recebi um diagnóstico de tarja preta e de morte! Tive medo e fui com medo mesmo!

O câncer de mama traz uma história com um índice de morte, e quando não se tem o diagnóstico no início, esse índice aumenta. Todas as histórias que ouvia desde criança eram que o câncer é uma doença cruel e que leva à morte. E os antigos não gostavam nem de pronunciar a palavra câncer; falavam "aquela doença", de tão aterrorizante que era.

Origem do câncer: O câncer de mama é uma doença causada pela multiplicação rápida e desordenada de células anormais, que formam um tumor. Pode ocorrer em diversas partes do corpo. Quando envolve células das glândulas mamárias, determina câncer de mama, que se apresenta sob diferentes formas, algumas restritas aos ductos e lóbulos envolvidos na produção de leite, outras mais agressivas, que tomam todos os tecidos mamários e podem se espalhar pelo corpo.

Bastante frequente no mundo todo, o tumor de mama divide a primeira posição com o de pulmão no *ranking* dos cânceres mais incidentes do globo, respondendo por mais de 2 milhões de casos novos por ano, segundo a Organização Mundial de Saúde (OMS).

Apesar dos avanços no diagnóstico e nas modalidades de tratamento que marcaram a história, a mortalidade pela doença continua bastante elevada. Quando o diagnóstico acontece de modo tardio, temos uma taxa alta de morte por câncer de mama, mas quando descoberto precocemente, esse tumor tem elevada taxa de cura, que passa de 90%.

Outros fatores determinantes para o desenvolvimento do tumor mamário são: ambientais, comportamentais, reprodutivos e hormonais, além dos genéticos.

Diante de um diagnóstico horrível – vou falar assim –, me senti no fundo do poço. Sabe quando vemos um poço de água de cisterna que tem em sua borda amarrado em uma corda um balde que desce com uma manivela? Ele desce muito até encontrar água e, depois, com o auxílio da mesma manivela, o balde vai subindo devagar porque está pesado com água dentro. Então olhamos dentro do poço e conseguimos visualizar o balde até uma certa altura, mas depois ele se perde de vista, tanto na descida como na subida. Pois é! Assim me senti dentro do poço, sem o balde. Eu estava em uma profundeza escura e com muita dificuldade de enxergar uma luzinha que fosse láaaa em cima. Eu me sentia toda afundada naquele poço e só com a cabeça para fora, fazendo força com o queixo, levantando-o para não afundar mais. Essa era a minha sensação!

Chorei muito e pensei: vou morrer, e agora? E os meus filhos? Minha mãe, meu pai? Meu namorado? Meus irmãos? Amigas, amigos, trabalho, casa… afazeres de toda ordem e mais alguns pensamentos que invadem o cérebro em desordem. É horrível essa sensação de impotência diante da Vida. Conversei com meus filhos, choramos juntos, Carol e Gu sempre me motivando, assim como todos a minha volta.

Não é nada fácil o diagnóstico de câncer de mama. É uma bomba atômica que me vi segurando em minhas mãos. Dá medo, insegurança; de início fica difícil a visão de Vida. Até colocar os pensamentos em ordem parece impossível. Sabe uma missão impossível? Pois é, por aí mesmo. Recobrar o equilíbrio, seja emocional, físico, mental ou espiritual é um esforço sobre-humano. Diante de uma condição em que me senti sem forças, percebendo-me frágil, como equilibrar?! Fui aos poucos, em momentos e até dias, tentando organizar os pensamentos. Foram surgindo ideias. Sabe aquela luzinha do início do poço? Eu já conseguia vislumbrá-la do fundo do poço.

Comecei a organizar os pensamentos. Tinha instantes de desorganização total. Após retomar novamente a organização, foi clareando o horizonte. Já não fazia tanta força no pescoço para manter o queixo levantado e, aos poucos, fui pensando e me questionando:

– Vou morrer mesmo um dia, todos nós vamos, e quem sabe é a minha hora?!

– Já fiz tudo que queria fazer nesta existência??

– Não verei a formatura do Gu? Não dançarei a valsa de formatura com o meu filho? (A Carol já havia se formado em janeiro de 2023).

– Não acompanharei a vida de meus filhos??

– E meus sonhos?

– Minha mãe, meu pai, vão enterrar uma filha?

– Por que estou doente?

– Será que não consegui administrar o meu emocional lá atrás e abri portas para a doença se instalar?

– Em que momento de minha Vida deixei o câncer de mama chegar e ficar em minhas células?

– Será que tenho que passar por isso mesmo?

– Qual aprendizado tenho que ter?!?!?

… foi uma tempestade de perguntas e questionamentos íntimos que só quem passa por isso, acredito eu, sabe do que estou falando – ou melhor, escrevendo. São tristes esses pensamentos, muito tristes, mas necessários para o processo e, acredito, fundamentais para a própria situação e colocação na Vida. Vou com medo mesmo e juntinha com a fé e com o amor-próprio.

São momentos riquíssimos, de autorreflexão, de autoconhecimento, de autoperdão e de muito autoamor.

São percepções que chegam e vão ao mesmo tempo, é uma via de mão dupla congestionada e bem desordenada. Acredito que é tipo a célula mesmo cancerígena em seu movimento dentro de meu corpo. Um caos.

É a partir daí que levei meu pensamento à célula desordenada que causa o câncer, fui ordenando o meu pensamento e tentando colocá-lo em seu devido lugar; mesmo assim, foi difícil, mas já não tão impossível. A luz já se fazia visível em meu horizonte; horizonte este de aprendizados já vividos, de experiências adquiridas, de estudos, de vivências relatadas e vividas por outras pessoas. O horizonte já se parecia com um sol não muito forte e intenso, mas pequeno ainda, já com um calorzinho quente.

Como nesta Vida sempre temos dois caminhos em tudo que nos acontece, qual vou escolher seguir?? Começo a me questionar. Tenho comigo três frases que fazem sentido para mim:

**\*NADA** NESTA VIDA É POR ACASO.

**\*TUDO** TEM UMA RAZÃO DE SER.

**\*SEMPRE** ACONTECE O MELHOR, POR PIOR QUE PAREÇA.

Quando falo, penso nessas palavras em negrito. Veja o sentido de cada uma:

**NADA:** Coisa nenhuma.

**TUDO:** Totalidade das coisas, dos seres.

**SEMPRE:** A cada instante, sem exceção, continuamente.

Diante do que acredito, tive a cada dia forças que me equilibraram e começaram a me direcionar ao que eu queria nos próximos dias. Constatei: o que eu quero é a cura!!!! A cura é o meu objetivo, é o meu foco no momento. Sei que é um processo de vários passos diários, de organização mental, de organização de hábitos, costumes alimentares, adaptações em atividades físicas, em rotinas, em afazeres, e uma reorganização da Vida. Criar melhorias, fazer alterações no que é possível, inovar, enfim, reestruturar a Vida para os próximos dias que não serão fáceis, mas serão possíveis. E com a consciência de que, de uma certa forma, iria modificar a rotina de todas as pessoas próximas a mim. A partir do momento em que eu me centrei e me organizei (pelo menos os pensamentos), ficaram um pouco melhores os olhares ao diagnóstico de câncer de mama, e o coração começou a respirar com um pouco de pausa. E lembrando que o coração é a morada da mente na medicina chinesa, é o órgão relacionado à alegria, seu receptáculo. Sendo um catalisador das emoções e da psique, aloja-se no coração o *Shen* – palavra que pode ser traduzida por espírito ou alma –, e ali está o *habitat* das funções ativas da consciência, abrigando sentimentos, desejos, imaginação, intelecto e memórias dos eventos passados. E os olhos refletem a fisiologia do coração!

Entendo que, se eu ficar deprimida, triste, a minha energia ficará baixa e, assim, a minha capacidade de enfrentar os desafios no tratamento da doença, do câncer de mama, se manterá reduzida. Ao passo que, quando procuro equilíbrio emocional, elevação de pensamentos, procuro os positivos, elevo os olhos ao alto e acredito no que o universo oferece, e considero nesse momento também a fé. Existe um elemento a mais na forma de eu enfrentar o câncer de mama que irá refletir nos meus sistemas, no meu corpo e diretamente em minhas células (o medo não encontra morada). Assim, a tendência é fluir tudo melhor, com o universo conspirando ao meu favor. Nesse momento entendo que: SOU LUZ, TENHO LUZ E IRRADIO LUZ!

É lógico que vou fazer todo o tratamento da medicina convencional e quero também os tratamentos da medicina alternativa e tradicional, como alguns que já são de costume em minhas rotinas, como o BioFAO e a acupuntura, além da alimentação – tratamentos esses que fiz em determinadas doenças passadas, obtendo muito êxito, e também mais algumas terapias que quero fazer e que chegarão até mim de alguma forma a me auxiliar. Acredito!

Comuniquei aos filhos, ao namorado, à família do meu desejo nos tratamentos; trocamos ideias.

# A PRIMEIRA AÇÃO NA BUSCA DO EU

Antes de sair o resultado da imuno-histoquímica que fiz no dia 27 de março de 2023, numa segunda-feira, realizei uma "ativação frequencial" com Rogélio Peres, terapeuta da medicina alternativa, mentor e instrutor do trabalho de Ativação Frequencial e Reconexão. Ele tem como objetivo, em seu trabalho, equilibrar energias e promover a reconexão com a nossa essência. A ativação frequencial traz vários equilíbrios para a Vida, visando a auxiliar um reencontro consigo mesmo, enquanto a reconexão promove uma mudança vibratória com o objetivo de nos levar para o caminho da nossa missão ou do nosso propósito na Vida.

A sessão com o Rogélio Peres recebi de presente de minha irmã Eliane, que mora em Ribeirão Preto e estava em Uberlândia no final de semana dos dias 25 e 26 de março, em um curso que tinha como um dos palestrantes o Rogélio. Ela conversou com ele a respeito do meu exame e contou que aguardávamos, em dias, o outro resultado. Então ela lhe perguntou se tinha disponibilidade para me atender. De imediato, ele se colocou à disposição e sugeriu que no dia seguinte fizéssemos a consulta, pois iria voltar a sua cidade na segunda-feira à noite somente. Mais que depressa, aceitei o presente, e assim foi marcada a consulta.

A consulta foi em meu consultório de acupuntura. Começou com uma conversa: relatei o que estava se passando, sentindo, falei dos meus medos, aflições, do meu poço, das expectativas e da minha vontade de passar por tudo da melhor maneira possível. Assim que me ouviu – ele interrompeu a minha fala em alguns momentos, num diálogo muito bom que posso dizer que já foi a consulta –, fiz exercícios de respiração e fomos para a prática da sessão de ativação frequencial. Deitei-me na maca em decúbito dorsal (barriga para cima), com os braços paralelos ao meu corpo, em posição confortável, e o Rogélio, em pé na lateral da maca, foi direcionando a sessão com comandos de voz: "Feche os olhos e perceba a sua respiração nas narinas, o ar que entra e o ar que sai... perceba a extensão que o ar percorre em seu corpo, se atente à respiração profunda..." E assim fui atendendo aos comandos e me entregando. O corpo estava tranquilo e leve; minha percepção foi senti-lo sutilmente. E teve um momento em que o Rogélio falou para eu imaginar um pente, um pente grande que estivesse nos meus pés, e esse pente iria começar a subir em minhas pernas, levando e varrendo o que tinha que varrer e levar, que eu deixasse fluir. Assim imaginei um pente grande, do tamanho dos meus dois pés, que iria varrer as duas pernas juntas. Imaginei um pente grande, vermelho, com a largura das minhas duas pernas/pés. Esse pente foi subindo em minhas pernas continuamente, e percebi que, em determinado momento – por exemplo, na altura dos joelhos –, esse pente voltava um pouco para baixo e subia de novo. Ele repetiu esse movimento duas vezes, e o mesmo aconteceu na direção do umbigo – na direção do umbigo está o chacra umbilical, que favorece aspectos como força, vitalidade física e reprodução. Algumas vezes, o pente voltava e continuava sua trajetória, o que também aconteceu na direção do chacra cardíaco, que está localizado no meio do peito, na altura do coração, e é responsável por fornecer energia ao sistema circulatório e cardiorrespiratório (está relacionado à glândula timo, que é componente do sistema imunológico; no campo comportamental, tem a função de reger relações afetivas e sentimentos). Também aconteceu de o pente várias vezes descer e subir na região da garganta, em que está localizado o chacra laríngeo. É por esse centro de energia que encontramos a expressão de pensamentos e sentimentos de maneira autêntica e confiante. O pente subiu um pouco mais e se intensificou na região entre as sobrancelhas, onde temos o chacra do terceiro olho, cuja energia equilibrada estimula a concentração e a clareza nas ideias, promovendo um mergulho interior com a nossa verdade, estimulando a intuição e a paz. E o pente seguiu em direção à cabeça, passando pelos cabelos e indo para cima do meu corpo, quando desapareceu. Nesse momento senti por volta de todo meu corpo uma camada a protegê-lo, como se fosse o meu corpo em expansão, aumentado em todo contorno, e me vi de cima da cabeça do Rogélio, enxerguei do topo de sua cabeça. Estava com uma visão do Rogélio em pé com as mãos espalmadas em minha direção, eu deitada e com esse envoltório em toda a circunferência/contorno de meu corpo. Fiquei nessa cena até que fui ouvindo a voz do Rogélio me dizendo: "Respira, respira devagar, vai tomando mais uma respiração, faça uma respiração profunda, no seu tempo, mexa os dedos dos pés, os pés, as mãos, vai tomando consciência de todo o seu corpo e fazendo movimentos leves até abrir seus olhos e se situar neste ambiente". Eu fui despertando de um "sono", com a sensação de retomar a consciência corporal e tentando entender o que se passara. Vinha à mente algumas recordações e, aos poucos, fui vislumbrando o ocorrido. Estávamos à meia-luz na sala e o Rogélio me perguntou se podia acender a luz. Respondi que sim, e quando acendeu a luz, o Rogélio percebeu que tinha um líquido debaixo de seus sapatos e me pediu desculpas, porque estava com as malas, tinha ganhado alguns presentes mineiros e iria viajar logo após nossa sessão. Nisso ele colocou as malas para fora da sala e foi verificar o que tinha vazado, mas não constatou nada. Logo em seguida, entreguei-lhe um pano para passar nesse líquido que estava no chão. Eu queria até passar o pano, mas estava ainda meio anestesiada, sentindo as sensações da terapia. Assim que ele passou o pano, colocou-o em uma sacola de plástico, que levei para casa. Encerramos ali a nossa sessão de ativação frequencial. Fui para casa e o Rogélio foi viajar em retorno a sua cidade, São Paulo.

Cheguei em casa e conversei com Carol contando um pouco da terapia. Ela queria que eu jantasse, mas não estava com fome, e sim com sede e com sono. O corpo pedia repouso. Meio anestesiada e antes de me deitar, peguei aquele pano que estava dentro da sacola para enxaguar e, quando abri a sacola plástica, senti o cheiro de sangue. Enxaguei o pano e a água estava escura, na cor marrom avermelhada. Deixei o pano de molho no balde com sabão em pó e fui me deitar.

Coloquei a oração do Ho'oponopono para dormir. Já tinha o hábito de ouvir essa oração e estava ouvindo-a há dias ao acordar. Durante o dia e à noite, antes de dormir, fazia parte de meu tratamento. Eu a adotei e me fazia muito bem. Inclusive, no dia dos exames de mamografia, ultrassonografia, biópsia, ficava durante os preparativos que antecedem os exames e durante sua realização repetindo o Ho'oponopono, que é:

"SINTO MUITO, ME PERDOE, SOU GRATA, EU TE AMO".

O Ho'oponopono é uma antiga prática havaiana. É uma técnica simples e eficiente no que diz respeito ao relacionamento consigo mesmo e com outras pessoas; não é uma prática religiosa. A proposta é assumir responsabilidade diante dos acontecimentos de nossa Vida e repetir as frases como um mantra. Seu objetivo é guiar o praticante através das etapas sentimentais: arrependimento, perdão, amor e gratidão. É uma prática que, através de sua repetição das frases "sinto muito", "me perdoe", "sou grata", "eu te amo", pode desencadear a liberação de bloqueios e traumas para que possamos ter mais controle sobre a Vida e tornar a mente livre de memórias e sentimentos negativos. É um processo de resolução de problemas que deve acontecer inteiramente dentro de cada pessoa. É um momento de bem-estar e uma oportunidade para refletir sobre os sentimentos consigo mesmo e com outras pessoas. E a partir da prática de repetição das frases do Ho'oponopono, começamos a experimentar sentimentos de compaixão, novas sensações interiores ou um simples relaxamento da mente, podendo ocorrer em algum tempo ou assim que se conclui a pronúncia das palavras, permitindo que a energia bloqueada comece a ser liberada pelas células, ocasionando uma regeneração de memórias celulares, permitindo-nos ser os protagonistas de nossa própria Vida.

Cada frase carrega um significado próprio e traz um novo sentimento à tona: "SINTO MUITO" e "ME PERDOE" são o reconhecimento da existência de um problema e a vontade de superá-lo, de perdoar; o "SOU GRATA" e o "EU TE AMO" são responsáveis por liberar as energias presas, o amor e a compaixão.

Deitei-me e logo já embarquei no sono. Durante a madrugada, por volta das 5h30, tive vontade de ir ao banheiro fazer xixi. Levantei-me, sentei-me no vaso e senti em seguida uma pressão na uretra e o xixi mais quente que o habitual. Não senti dor, somente essa pressão, como se o xixi estivesse grosso e consistente como uma massa/bola. Logo depois da pressão, ouvi um barulho no vaso, como se tivesse caído algum objeto dentro dele e batido no fundo da louça; o barulho foi até alto. Em seguida, me limpei, levantei-me e olhei para o vaso: ao fundo tinha uma bola achatada como se fosse uma cabeça de alho muito branca que se destacava da cor branca da louça. Era um branco diferente e mais reluzente. Olhei e pensei: "saiu o nódulo que estava dentro de mim, o meu corpo já o expulsou, maravilha!" Depois fui ao quarto pegar o celular para tirar foto, mas quando voltei já não havia mais nada além do xixi amarelinho. Dei descarga e voltei a dormir.

No dia seguinte acordei um pouco mais tarde do que de costume, levantei-me ainda meio anestesiada, organizando os pensamentos, tomando consciência de tudo que tinha acontecido no dia anterior e durante a madrugada. A sensação era como se estivesse vendo um filme que já passou e está se repetindo, sendo que a cada cena há uma novidade. Vão aparecendo, se descortinando aos poucos todos os acontecimentos, e começo a fazer ligações de um fato a outro dentro de tudo que aconteceu. Com a sensação do corpo ainda anestesiado, sinto como se estivesse com muitas roupas, com várias camadas de roupas, feito uma boneca que está com muitas blusas e calças vestidas uma em cima da outra, mas tudo leve, nada pesado. Tudo isso parecia que não era deste mundo. E eu em câmera lenta, em todas as ações que queria fazer, como escovar os dentes, beber água, parecia que a mente ia na frente e o corpo demorava um pouco para ir.

Tomei o meu café da manhã, logo em seguida entrei em contato com o Rogélio e relatei o ocorrido, desde o pano com cheiro de sangue até a madrugada com a bola achatada/barulho e a sensação de como acordei. Rogélio me ouviu atentamente, falou que ficou feliz e me relatou que a terapia foi simplesmente maravilhosa, que a assistência presente foi de muita luz, que os meus protetores – os chamou de "Gigantes" – estavam presentes o tempo todo a auxiliar e que a minha sensibilidade era muito linda e preciosa. Aconselhou que eu continuasse com meus propósitos, com minhas crenças, com minha garra, com minha força e que aproveitasse bastante o que estava acontecendo. Realmente, lembrar é uma conexão. Eu estava conectada e, por estar conectada, eu podia criar e cocriar. Que eu me utilizasse disso, afinal, "EU SOU A FONTE QUE TUDO É!"

A cada dia informava como eu estava passando, e ele me passava as orientações para não deixar pensamentos criarem forma. Ia quebrando-os de imediato e, assim, agindo de forma a manter a energia e a atenção às percepções a minha volta. A cada dia o seu cuidado, um pouco a cada dia.

No dia 30 de março, estava marcado para sair o resultado da imuno-histoquímica. Já haviam sido agendadas as consultas com o médico mastologista Dr. Raphael Beterro, no hospital em Uberlândia, e também com o médico oncologista Dr. Rodolfo Gadia, em uma instituição oncológica na mesma cidade. Todos os meus tratamentos se concentraram em Uberlândia, onde moro.

Eu já estava em um tratamento espiritual à distância feito por um centro espírita, em Uberlândia, que acontecia toda segunda-feira às 20h. Também já estava fazendo um tratamento *online* de magnetismo com o terapeuta Welington todas as quartas-feiras no período da tarde. Além disso, fazia minhas meditações diárias MT; quando possível, fazia de manhã, antes de ir trabalhar, e no final da tarde, procurando seguir religiosamente os comandos falados durante a meditação – que é muito boa, pois a mente vai se sustentando, vai clareando e se conscientizando.

# ACESSANDO UM MUNDO DESCONHECIDO

Antes de falar em consultas médicas, vou relatar o ocorrido para que eu, Elaine, tivesse um convênio médico, pois até dezembro de 2022 eu não tinha nenhum.

A empresa onde presto serviço como autônoma, com ginástica laboral, representada por Lara – amiga e aluna de uma sensibilidade ímpar, presente em minha história de vida há anos –, em dezembro de 2022 me chamou para fazer parte, junto aos demais funcionários, do quadro de convênio médico da empresa, que estava mudando de convênio e precisava de vidas para essa transição. Eu aceitei e, juntos, levei Carol e Gu, meus filhos. Nessa transição de convênio, foi acordado entre as partes, empresa e convênio, que não haveria carência para os tratamentos, exames e tudo o mais. Na época, havia funcionários e dependentes de funcionários que já estavam em tratamentos médicos e não poderiam esperar a carência. Assim, em janeiro de 2023, eu tinha um convênio médico e poderia usá-lo à medida que precisasse. Como fazia exames laboratoriais, de imagens e mais alguns de rotina para acompanhar a saúde, fiquei muito satisfeita por estar com esse convênio médico, pois iria facilitar muito em valores, já que, além de utilizar o SUS, realizava alguns exames particulares.

E quando veio o nódulo na mama, imagina como eu me senti?! Muuuuuuito agradecida, grata mesmo por ter um convênio e por poder contar com toda a assistência médica necessária para o tratamento do câncer. O universo intuindo a Lara, minha amiga, a me perguntar se queria fazer parte desse convênio médico foi o melhor presente que podia receber. Era simplesmente maravilhoso, era o universo conspirando ao meu favor.

No dia 30 de março de 2023, em uma quinta-feira, tive a consulta com o Dr. Raphael Bettero, médico mastologista, em seu consultório. Fui à consulta acompanhada de minha filha Carol, meu Filho Gu e minha irmã Liliane. O consultório do médico era em um hospital, e estávamos na sala de espera aguardando a chamada para entrarmos na consulta quando chega a Nicole, filha da minha amiga Cláudia. Conheço-a desde pequena. É enfermeira especializada em oncologia e levou um pouco de susto, é lógico; afinal, o que eu estava fazendo ali? Conversamos um pouco e ela foi muito atenciosa, se colocou à disposição para qualquer coisa que eu precisasse.

Logo fui chamada pelo visor da sala de espera, me encaminhei ao corredor em que estava a sala do médico mastologista e, chegando perto, o Dr. Raphael saiu de sua sala para me recepcionar. Cumprimentei-o e falei que estava em comitiva. Ele mais que depressa pediu para que Carol, Gu e Liliane entrassem comigo no consultório e organizou cadeiras para que todos nós nos sentássemos.

A consulta foi maravilhosa. Ele começou olhando meus exames, fez várias perguntas sobre a minha pessoa, sobre meus hábitos alimentares, minha profissão, minha rotina de atividade física, de lazer, os acontecimentos vividos... uma consulta bem interativa. O médico me examinou, conversamos muito e ele explicou o que é o câncer de mama, o meu tipo, que é o triplo negativo, as etapas de tratamento, a cirurgia no início ou no final da quimioterapia, radioterapia... Apresentou-nos o que seria feito dali em diante, pediu alguns bons números de exames, e ficamos de retornar assim que estivessem prontos.

Dias depois tive consulta com o médico oncologista Dr. Rodolfo Gadia em seu consultório, numa clínica oncológica. Fui também em comitiva, com Carol, Gu e Liliane. Na consulta, igualmente maravilhosa, ele explicou o câncer de mama, falou da cirurgia no início, da quimioterapia, do tratamento do câncer triplo negativo, como seriam as etapas, e de poder usar em meu caso, juntamente à quimioterapia, a imunoterapia, já que, com esse tipo de câncer triplo negativo, isso seria possível. Era torcer para que o convênio liberasse simultaneamente os tratamentos e assim potencializasse o tratamento.

A quimioterapia utiliza medicamentos que matam as células tumorais com sua toxicidade. A princípio, o tratamento mata todas as células que se dividem rápido e, como as células tumorais podem se dividir rapidamente, os quimioterápicos acabam atacando o tumor. No entanto, outras células também se dividem rapidamente, como, por exemplo, as do cabelo, das unhas, as células de defesa do organismo e das mucosas, por isso os quimioterápicos são tóxicos para essas células também. Eles atuam de forma sistêmica, ou seja, alcançam as células cancerígenas em qualquer parte do corpo. A maioria das quimioterapias é administrada em intervalos de tempo curto para segurança e melhor eficácia do tratamento.

A imunoterapia é um tipo de tratamento contra o câncer de mama, usado em determinados tipos desse câncer, que visa a combater o avanço da doença pela ativação do próprio sistema imunológico do paciente. A ideia é que, com o uso de medicamentos, o organismo do paciente elimine a doença de forma mais eficiente e com menos toxicidade.

Dr. Rodolfo pediu mais alguns exames e que eu retornasse com os resultados de todos eles, inclusive com os que o Dr. Raphael havia pedido. Com os exames em mãos, através de seus resultados, o oncologista Dr. Rodolfo determinaria o medicamento ou a combinação de medicamentos quimioterápicos indicados para o meu caso específico, assim como a dose, a via de administração, a frequência e o tempo de tratamento. Todas essas decisões dependeriam do tipo de câncer, da localização do tumor, do estadiamento da doença, de como o tumor afeta as funções do organismo e do estado geral do paciente.

Saí da consulta com a determinação de agendar os exames pedidos. Fui agir.

Alguns exames consegui marcar para os dias seguintes, outros para alguns dias à frente, mas, com todos já agendados, à medida que os realizava, os resultados foram saindo.

# MERGULHO INTERIOR

No dia 29 de abril de 2023, quando acordei, fui fazer meu tratamento de frequência, então me deitei em minha cama, debaixo de meu pêndulo azul de cristal que está dependurado no teto na direção de minha mama. Abri um pouquinho a janela, o dia estava maravilhoso, o céu um azul imenso, intenso. Fechei um pouco a cortina de forma que ficou uma faixa onde eu olhava o céu; a minha visão era o verde da árvore e, depois dele, o azul maravilhoso do céu sem nenhuma nuvem. Preparei-me e, me posicionando para iniciar o meu tratamento, me deparei, ao olhar pela faixa da janela aberta, um passarinho no fio de tensão elétrica. Chamou-me muito a atenção. Fiquei por instantes olhando o passarinho e voltei a minha concentração. Iniciei o meu tratamento de frequência, e enquanto ele agia, eu fechei os olhos, eu mentalizei, eu me energizei e, nesse meu movimento, eu vi a frequência em volta do meu nódulo agindo de forma circular na mama, até que ele secou, igual a uma folha, uma folha robusta que começou a secar em seu contorno, das extremidades para o centro. Retirei o nódulo do espaço com as minhas mãos, segurei-o e, entre as mãos, fui fazendo um movimento com os dedos de forma a esfarelar a folha seca. E assim foi. Nesse movimento dessa folha seca, o nódulo foi esfarelando, e mais... foi puxado esse pó, pedacinhos do esfarelamento, para a terra; eles foram puxados pela Mãe Terra, por Gaia. Era um movimento muito bonito presente em minha visão. Esse movimento do nódulo sendo puxado para o centro da Mãe Terra veio aos meus olhos na cor lilás, na cor roxa, em uma intensidade que, mesmo com os olhos fechados, tinha a sensação de estarem abertos, de tão forte a cor. A cor violeta estava em um movimento circular e muito bonito, e fui me envolvendo com ela, que foi sendo distribuída em toda a extensão de meu corpo. Fui tendo a consciência de meu corpo envolvido nessa cor violeta, em um momento mágico, um momento muito precioso, um movimento e momento de plenitude. E nesse momento de pura plenitude, de alegria e de muito contentamento, percebo toda essa luz em volta do meu corpo a me alimentar e a me sustentar. Com a respiração voltando, respirando com o abdômen – a respiração estava muito lenta –, fui retomando as inspirações e expirações, fui tomando a consciência do meu corpo, conseguindo mexer cada parte, pés, mãos, pernas, braços, e vou conseguindo abrir os olhos devagar. Então olho para o meu pêndulo que está no teto, e ele está também envolvido nessa luz violeta, na energia de cor violeta, em um movimento lento, muito pequeno. Fui retomando a minha respiração nessa energia do pêndulo e, mais ainda, a percepção de meu corpo. O pêndulo envolvido no meu corpo começa a preencher o espaço do meu nódulo com essa luz violeta de forma a ocupar todo o espaço. Vou tendo mais consciência ainda de tudo a minha volta, e o meu olhar está na direção da abertura da janela, direto no fio de tensão elétrica, e o passarinho estava lá, um passarinho lindo, naquele céu azul maravilhoso, no fio e bem no espaço de abertura da janela. Surpreendeu-me. Fui me movimentando devagar, peguei meu celular e tirei dali mesmo, deitada, uma foto da abertura da janela onde o passarinho estava presente.

# PLANEJANDO A TRILHA DE UM CAMINHO...

Com todos os resultados dos exames, voltei às consultas, ou melhor, voltamos, em comitiva, tanto com o Dr. Raphael quanto com o Dr. Rodolfo, e os dois médicos, atuando juntos no meu tratamento de câncer de mama, sugeriram fazer a cirurgia primeiro.

Eu, Elaine, não queria fazer a cirurgia. Por quê?

Acreditando em meus tratamentos paralelos e em minha convicção de que acabaria com o tumor antes mesmo que terminassem todos os tratamentos ali falados, e também pela minha falta de conhecimento até então sobre a doença – por mais que soubesse de sua importância e da urgência em começar os tratamentos devido a sua gravidade, eu não queria fazer cortes em meu corpo. Levando em consideração os meridianos energéticos da medicina chinesa, queria que estivessem em seu perfeito trajeto e ordem, afinal, eu, Elaine, não estava pronta para a cirurgia naquele momento de início de tratamento, por isso conversei com os médicos, que me ouviram atentamente. Conversando entre si, me falaram que, no caso do meu tipo de câncer de mama, seria possível começarmos com o tratamento da quimioterapia juntamente à imunoterapia.

Perguntei: "Se, ao término das quimioterapias juntamente às imunoterapias, o meu nódulo sumisse, sem deixar nenhum vestígio, não precisaria fazer a cirurgia?"

Naquele momento souberam me conquistar e me informaram que provavelmente não. Seria estudado à frente a possibilidade, de acordo com o decorrer das medicações e exames, e que fôssemos ao mapeamento das medicações da quimioterapia e imunoterapia, pois já precisávamos dar início ao tratamento. Foram programadas 12 quimioterapias brancas e 4 quimioterapias vermelhas.

Nesse momento os médicos me falaram somente da quimioterapia associada à imunoterapia, e posteriormente falaríamos da necessidade da cirurgia. Então fiquei tranquila e fomos dar início ao tratamento assim proposto e aceito.

Os médicos Dr. Rodolfo e Dr. Raphael são presentes que recebi de recomendações carinhosas com o meu diagnóstico. Gratidão a cada um por me receber como paciente! Sou feliz com essa dupla que trabalha junta, que troca ideias e ajusta a forma de tratamento levando em consideração a individualidade do paciente, que nesse caso sou eu.

# EM BUSCA DA CURA, DA LUZ!

Com o médico Dr. Rodolfo tivemos a consulta específica que antecede a medicação de quimioterapia e imunoterapia. Ela ocorre no mesmo dia marcado para a medicação, e a primeira sessão de quimioterapia e imunoterapia aconteceu no dia 15 de maio de 2023, segunda-feira, por volta das 10h, e a consulta foi às 9h, com os exames em perfeita condição para a realização do tratamento.

A primeira quimioterapia/imunoterapia foi feita juntamente à touca de crioterapia, que foi presente de minha irmã Lili e de minha cunhada Flavinha. O plano de saúde cobre as sessões de quimioterapia e imunoterapia, mas esse tratamento da touca de crioterapia é disponibilizado para os pacientes apenas de forma particular. O convênio não cobre esse procedimento por entender que é estético.

A touca de resfriamento, também conhecida como touca hipotérmica ou crioterapia capilar, é uma aliada fundamental para o paciente que faz quimioterapia. Com a queda de cabelo, que é um efeito colateral importante da quimioterapia, a touca de crioterapia, ao reduzir a queda de cabelo de forma importante, ajuda a preservar a saúde psicológica, a autoestima e a privacidade do paciente em sua vida pessoal. A touca é colocada trinta minutos antes do início da quimioterapia. O paciente permanece com ela durante toda a sessão e, depois, por mais 30 minutos, a depender do protocolo – os enfermeiros avisam quando acaba a quimioterapia, e resta o tempo de touca.

A quimioterapia mira todas as células de divisão rápida no organismo. Nos fios capilares, a divisão celular acontece de forma muito rápida, por isso muitos quimioterápicos causam a queda de cabelo. Costuma começar a cair em duas semanas após o início do tratamento. É aí que entra a touca de crioterapia, que fica acoplada a uma serpentina que sai de uma caixa de resfriamento. O líquido de refrigeração circula na serpentina a uma temperatura de 4 °C para que o couro cabeludo se mantenha resfriado. A sensação térmica é de graus negativos na cabeça, o que acaba resfriando todo o corpo. Essa baixa temperatura promove uma vasoconstrição na região da cabeça, dificultando que a droga utilizada na quimioterapia penetre e danifique o folículo capilar e faça com que a perda dos fios seja maior. O percentual de cabelos preservados com o uso da touca varia de acordo com o protocolo, mas, segundo alguns estudos, a touca preserva em torno de 40 a 60% dos fios do paciente.

No dia 15 de maio de 2023, aconteceu a primeira sessão de quimioterapia juntamente à imunoterapia. Mais alguns outros medicamentos foram associados ao meu tratamento, como, por exemplo, antialérgicos, remédios para o estômago, enjoo, entre outros, os quais foram administrados juntamente em uma ordem cronológica. Estava eu ali sentada e quase deitada em uma cadeira reclinável, muito confortável, com a touca de crioterapia já na cabeça, sentindo o friozinho gelar. Antes de colocar a touca de crioterapia, a enfermeira me encaminhou a um lavatório de cabelos, que fica no banheiro da sala onde ocorre a medicação, molhou meus cabelos e passou condicionador. Essa é a preparação dos cabelos para colocar a touca congelante.

Assim que voltei do banheiro com os cabelos molhados e condicionador aplicado, coloquei meu roupão quentinho por cima de minha roupa também quentinha. Procurei ir agasalhada, calça comprida, blusa de manga comprida, meia e tênis, e me sentei na cadeira reclinável. Lili posicionou a cadeira de forma reclinável e confortável para mim e me cobriu com uma manta que levei mais o cobertor que a instituição oferece. Fiquei quentinha, apesar da cabeça gelada, já posicionada e pronta para começar os procedimentos com a enfermeira.

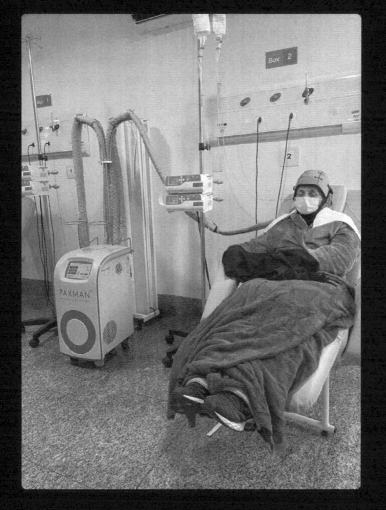

Recebendo a medicação/crioterapia e sono profundo.

Toda a medicação de quimioterapia e as demais são feitas por via intravenosa. A administração intravenosa envolve a inserção de uma agulha em uma veia, geralmente em uma veia calibrosa na mão ou no braço. Assim, ocorre um acesso direto à corrente sanguínea, onde a absorção dos medicamentos é mais rápida e precisa, acelerando sua ação no organismo. Ao entrar diretamente na circulação sanguínea, o medicamento é distribuído pelo corpo de forma imediata e completa, evitando atrasos na absorção que podem ocorrer com outras vias, como a oral, por exemplo, e a dosagem é ajustada com precisão.

A enfermeira veio e fez toda a assepsia, que é a limpeza que ocorre preventivamente no local a ser feita a punção da veia. A minha veia foi a da mão, um lugar dolorido de pegar veia, mas foi o recomendado pelo tempo de duração da medicação envolvida na quimioterapia. São algumas boas horas de medicações, em torno de três, e eu ali recebendo os remédios e com a touca de crioterapia.

Após a enfermeira pegar a veia, ela me mostrou a primeira medicação para conferir meu nome completo e a data de nascimento e então dar início à aplicação. A primeira medicação é o antialérgico. Após começar sua administração, vou me sentindo meio mole. Fico conversando com minha irmã e sinto a minha língua relaxar. A língua vai se expandindo dentro de minha boca, sem muita coordenação, o corpo entra em um estado de relaxamento profundo em que me sinto em um sono nas profundezas. Não dou muita notícia da troca de medicamentos, só percebo o que está acontecendo ao redor, mas sem forças para falar, agir. A Lili fica atenta aos medicamentos. Quando acaba um, precisa acionar a campainha, que fica ao meu lado, e assim chamar a enfermeira e fazer a troca das medicações.

Durante as medicações, minha irmã me oferece água (tenho muita sede durante a medicação) e chá. Preparo uma garrafinha térmica de chá de gengibre e canela em casa antes de ir e levo frutas também. Entre uma medicação e outra, me vem vontade de fazer xixi. Aviso minha irmã, e ela aciona a enfermeira, que vem e desconecta a touca de crioterapia, fecha o acesso da medicação intravenosa e me leva ao banheiro. Com ajuda me levanto da cadeira reclinável e vou com os olhos abertos somente o suficiente para ver as pontas de meus pés. Com o corpo pesado, sou lenta e devagar. Minha irmã me ajuda em todo o processo de fazer xixi. Retorno à cadeira reclinável, sou reconectada e continuamos a medicação. A ida ao banheiro acontece em média duas vezes durante a medicação e outra ao final.

Ao terminar a medicação, fico no soro mais uns trinta minutos para cumprir o tempo de touca. A enfermeira vem e tira o acesso da mão, que fica com o dorso roxo devido à picada. Então vou embora. Saio da instituição médica apoiada no braço de minha irmã, passos lentos, olhos pesados, olhando meus pés e caminhando em direção ao carro. A claridade do sol me incomoda um pouco. Coloco óculos escuros, o que me ajuda bastante. Vou para casa, almoço devagar, o garfo um pouco pesado, e após o almoço durmo um sono gostoso e profundo. Acordo no final da tarde ainda com o corpo pesado, mas melhor, percebendo as coisas a minha volta e com os olhos um pouco mais abertos, sem nenhum outro sintoma além do sono e o corpo lento.

Eu em casa converso muito com o meu corpo, converso com minhas células, pois estão desordenadas e precisamos recuperar a ordem, a estrutura e a forma. Peço muito ao meu organismo, meus soldadinhos, para nos ajudar no que for necessário para o equilíbrio de todas as células, e assim acredito que o meu organismo me concede o relaxamento e o sono profundo durante as sessões de quimioterapia para que as células boas durmam, abaixem o metabolismo, não absorvam tanto, e para que as células doentes (essas não conseguem se desligar, estão ligadas no 220V o tempo todo) estejam bem atentas aos medicamentos que entram e já caem na corrente sanguínea, assim vão ao encontro deles e papam todo o líquido das medicações; dessa forma se "nutrem" do que têm necessidade para encurtar a vida útil de cada célula cancerígena.

Esse é o meu papo reto e meu acordo com as minhas células e com todos os órgãos do meu corpo. Precisamos nos unir, somos um só corpo, interligados em membros, órgãos, vísceras, meridianos, emoções, sangue, oxigênio, gás carbônico, alegria, tristeza, encantos, desencantos, aprendizados... e tudo que nos une para me formar, formar a Elaine, euzinha, uma pessoa que se ama e quer se dedicar muito ainda à Vida, a todas as pessoas a sua volta, ter alegria, felicidades, ver muitas vezes o amanhecer, o entardecer, ver a lua, o sol, o mar, o céu, as nuvens, o sorriso das pessoas, produzir, encantar, abraçar, beijar, pular, correr, dançar, comer pipoca, fazer crochê, ler... enfim, quero viver muito ainda nesta existência! E para isso preciso que minhas células se organizem e, juntas, possamos fazer diferente, porque essa etapa que estamos passando é difícil, dolorosa, coração aperta demais, e de muitas incertezas. Juntas, porém, temos a certeza de que vai dar certo. Já deu certo! Eu, meu Deus, meu Jesus, meu Espírito Protetor, meus Gigantes, meus anjos, meus gurus, minha ancestralidade, todos nós estamos juntos, unidos, de mãos dadas a caminhar passo a passo nesse caminho de luz, pois tenho certeza de que é! Sou a fonte que tudo é!!

Antes de iniciarmos qualquer tratamento quimioterápico, o médico Dr. Rodolfo, na consulta que antecedeu a quimioterapia, receitou uma lista de remédios para mim, muuuitos remédios, cada um para um sintoma após a quimioterapia, e de prevenção também. No caminho de casa, Lili parou em uma farmácia e comprou toda a lista de remédios receitados pelo médico, inclusive uma manteiga de cacau para eu passar nos lábios, que já estavam ressecados.

E passei o resto do dia bem, somente com o sintoma do corpo lento, olhos pesados e sono. Passava a manteiga de cacau nos lábios e tomava água, muita água. Como o meu corpo pedia água! Sede mesmo. E o xixi era em uma cor amarelo fluorescente. Dormi bem à noite e, no outro dia, fui recuperando aos poucos a disposição do corpo. Percebi o intestino preso, devido à medicação recebida, mas sempre atenta, procurava, através da alimentação, movimentar o intestino. Porém precisei de ajuda com medicamento específico, pois só a alimentação não foi suficiente. O intestino fica preso por dois a três dias após a medicação de quimioterapia.

Na terça-feira fiquei de repouso ainda, e na quarta-feira voltei a trabalhar em minhas aulas. O corpo já respondia bem aos estímulos e, assim, seguia a semana em trabalho, com os afazeres domésticos, a rotina com os filhos, o namorado, a família. No final de semana, aproveitava para ir ao clube, praticar atividades de lazer, jogar *beach tennis*, fazer caminhada, musculação. Após a quarta-feira, a vida seguia normal.

A segunda sessão de quimioterapia ocorreu no dia 22 de maio de 2023, segunda-feira. Aconteceu antes a consulta com o médico oncologista Dr. Rodolfo. Ele perguntou como foi após a última quimioterapia, os sintomas que tive e se tomei alguma medicação recomendada. Informou-se sobre como eu estava passando, sobre como o meu corpo estava reagindo diante de toda a droga recebida e fez a indicação de um médico cardiovascular para marcarmos consulta a fim de colocar o *port-a-cath* (cateter).

Após a consulta fomos, eu e minha irmã, para o setor de enfermagem para receber a segunda sessão de quimioterapia; a segunda de doze quimioterapias brancas, conforme programação do médico. Foi um pouco melhor em sensações e sintomas, mas fiquei sonolenta também, olhos pesados, e o acesso da veia foi feito em outra mão, a esquerda, pois no dorso da mão direita, em que foi feito o acesso da primeira quimioterapia, ficou bem acentuada a cor roxa azulada. Como é indicado alternar os lados nos acessos, assim foi feito.

Terminada a segunda quimioterapia, saímos da instituição de tratamento e fomos almoçar na mamãe. Minha mãe se chama Ondina. Ela fez um almoço muito gostoso, comi bem, tive fome. Logo após fui para casa dormir. Carol me levou, pois é ela quem me acompanha após a quimioterapia.

Quando acordei no final da tarde, fui olhar as mensagens recebidas: uma corrente maravilhosa de orações de familiares, amigos, mensagens de estímulos, positivas, e retornei cada uma. Liguei para o meu pai Fernando, que mora em Araxá, para Gu, meu filho, que mora em Goiânia, para Marcos, meu namorado, minha irmã Eliane, meu irmão Fernando, amigas, e fiz mais alguns contatos. Tenho uma corrente maravilhosa a minha volta em auxílio, em orações, em que eu precisar; todos unidos para me ajudar de alguma forma.

Aqui, agradeço a todos que souberam de minha doença e que, de alguma forma, me auxiliaram! Sou grata!

Nesse período, além da quimioterapia, que é o tratamento da medicina convencional que estava fazendo, também fiz tratamento espiritual (fiz cirurgia), recebi passe (lindas meninas do centro espírita que frequento – do qual no momento estou afastada – vinham até a minha residência me dar o passe), fiz BioFAO, acupuntura, meditação, tratamento de magnetismo, tratamento de frequência, tratamento na medicina *ayurveda* e jejum intermitente.

No final da tarde entrei em contato com o Rogélio avisando sobre como eu estava e, logo em seguida, ele me mandou uma mensagem dizendo que naquele momento iria fazer uma vibração para mim, que eu ficasse em uma posição confortável. Pediu-me "firmeza na parada", pois já estava chamando a "cavalaria". Eu já me coloquei em postura ereta, pés no chão, apoiada com as costas no sofá, minhas mãos em cima de minhas coxas com as palmas voltadas para cima, e fui respirando, fazendo a respiração profunda, prestando atenção à minha inspiração e expiração, e fui sentindo o fluxo da respiração entrando e saindo lentamente, até que me aconteceu o seguinte:

Fui me entregando e, já no pensamento, veio a imagem de um pente, um pente muito grande nos meus pés. Estava com as pernas um pouco abertas, e ele pegava de dedinho esquerdo a dedinho direito, toda essa extensão, e nas pontas desse pente tinha uma luz azul. O pente todo era vermelho, e a luz azul emitia um foco de luz levemente direcionado para cima. Isso me chamou a atenção, pois era como se tivesse uma cavadeira nas pontas do pente que começou a subir em meu corpo, subindo nas pernas, voltava um pouco, subia mais um pouco, descia menos, subia um pouco mais, e esse movimento sempre dos pés em direção à cabeça. Quando chegou na direção do meu quadril, percebi que o pente ficou do tamanho do meu quadril, passou por toda sua extensão e, quando chegou à altura da mama, ficou um pouco parado, fazendo vários movimentos. Logo em seguida fez vários movimentos de subir e descer nesse espaço, tanto na horizontal como na vertical. O pente mudava de direção e voltava; achei muito interessante. Então ele seguiu em direção à cabeça, chegando ao topo, no chacra coronário, onde o pente virou para baixo e desceu pelo lado esquerdo do corpo, indo direto para a terra. Ele foi no meio de Gaia, onde tinha cristais vermelhos, e foi absorvido por esses cristais, simplesmente desaparecendo. Em seguida a essa minha vivência, eu senti uma energia em volta de todo o meu corpo, como se estivesse saindo energia mais alta dele, e havia mãos duplas (mão direita e esquerda) palmadas em direção ao meu corpo e em toda sua volta. Dessas mãos abertas saíam feixes de luz, da palma das mãos, luzes que ora eram brancas, ora eram roxas, lilases e azuis, num festival de cores muito maravilhoso. As mãos com essas cores estavam em um movimento de ioiô, levando e trazendo energia do meu corpo. Iam no meu corpo puxando a energia e trazendo outra nova, e as cores mais fortes. Por um instante meu corpo era tomado por toda essa luz e voltava para as mãos. Esse movimento aconteceu várias vezes e a minha percepção do meu corpo era maior, então senti uma leveza, um contentamento mesmo desse movimento que foi maravilhoso. Num desses movimentos de ioiô, a energia foi para o meu corpo e não voltou, concentrando-se na parte do tórax, em direção à mama esquerda, assumindo a forma de redemoinho, e foi afunilando até que sumiu. A minha percepção foi tranquila, prestei atenção à respiração, inspiração e expiração, logo em seguida me veio uma tosse seca e forte, tossi algumas vezes. Fui me acalmando e tomando mais consciência de meu corpo, voltando a perceber mais e mais a minha respiração. Os movimentos de mãos e pés foram feitos devagar e lentamente. Entendo que a tosse foi o gatilho para despertar o corpo, e acordei maravilhosamente bem. Estava leve e com o coração feliz.

No dia seguinte já fui à consulta com o médico vascular, Dr. Túlio, que marcou a cirurgia para colocar o cateter *port-a-cath*. A cirurgia foi feita em um hospital em Uberlândia, onde moro, e quem me acompanhou foi o Gu, meu filho, que entrou no centro cirúrgico e presenciou todo o procedimento realizado, o qual ocorreu com anestesia local e sedação. Não vi nada e só acordei já no quarto. Foi tranquilo colocar o *port-a-cath*.

O que é o cateter *port-a-cath*?

É um dispositivo inserido completamente sob a pele, composto por um canudo longo, que fica alocado em uma veia de grande calibre (geralmente, veia cava superior), ligado a um reservatório subcutâneo (logo abaixo da clavícula), por onde a punção e a infusão da medicação são realizadas. É indicado para pacientes que precisam de terapia intravenosa frequente e de longa duração e permite que os profissionais de saúde tenham acesso fácil e rápido a uma veia importante com baixo risco de infecção e flebite.

Na quimioterapia seguinte, que ocorreu no dia 29 de maio de 2023, segunda-feira, já se utilizou o cateter *port-a-cath*. Foi maravilhoso! Com as mãos livres, até pensei em fazer crochê enquanto recebia a medicação, mas quem disse que ficava acordada?! Só dormia em sono profundo.

Crochê: amo fazer crochê. Quem me ensinou foi minha avó materna Honorata. Aprendi antes de ler e escrever, quando tinha cinco anos. Minha avó ensinou a mim e às minhas irmãs, Liliane e Eliane, e sempre nos incentivou. O crochê é para mim uma terapia. Adoro fazê-lo e, em algumas peças, até já ganhei dinheiro; é uma fonte de renda também. E com o meu diagnóstico de câncer de mama, o crochê veio me ajudar muito, pois quando fico pensando muito na doença e em sua gravidade, é no crochê que procuro aliviar os pensamentos. Sempre que seguro a agulha de crochê, elevo o meu pensamento em gratidão a minha avó Honorata, que me ensinou. Nesse momento, ele está sendo o melhor remédio, a melhor terapia. Sinto a presença de minha avó a me amparar e proteger, assim, não foco na doença e sim nos pontos que tenho que fazer e em sua contagem. Ganhei em meu aniversário de oito anos de minha avó Honorata um estojo com várias agulhas de crochê Clover, que é a marca das agulhas que tenho até hoje. Tenho agulhas douradas e prateadas. Meu estojo é lindo!

No dia 29 de maio de 2023, fiz a terceira quimioterapia, antecedida por consulta com o Dr. Rodolfo avaliando exames laboratoriais.

Já nessa sessão de quimioterapia, se usou o cateter, sucesso na administração do agulhamento. A equipe de enfermagem ficava atenta às medicações, nome, tempo, troca e tudo o mais. Recebi toda a medicação via cateter, fiquei com as minhas mãos livres e o roxo no dorso da mão já estava clareando, voltando à coloração normal da pele; o que é muito bom, principalmente na mão, por ser uma área bem visível. Até podia fazer crochê, estava com as mãos livres, mas o sono profundo não me permitia tal gosto, então me entregava ao sono e, na tranquilidade, recebia toda a medicação pelo cateter – o qual foi uma maravilha ter colocado – e sem incômodo algum. Eu deixava todo o processo de tratamento de quimioterapia no controle da minha irmã, Lili.

Ao final da medicação, que foi um sucesso, quando se foi lavar o cateter, acesso, para sua retirada, percebi um gosto ruim na minha boca e um cheiro horrível em meu nariz. Estava meio grogue de sono e com os olhos pesados, mas consegui me expressar em relação ao gosto e ao cheiro. Foi me dando um mal-estar no corpo, com dor de cabeça em seguida. O que aconteceu de diferente em relação ao início do tratamento foi que, antes de começar a medicação, se lavou o acesso do cateter com soro fisiológico aspirado para constatar a liberação das vias e, ao final, também se lavou o acesso, só que com soro fisiológico já na seringa, que veio pronto do laboratório. Não se aspirou o soro na hora de uma ampola; essa foi a diferença. Então ficamos atentas para perceber se na próxima quimioterapia iria ocorrer o mal-estar e se a diferença do soro usado havia sido realmente a causa.

Seguindo uma rotina semanal de toda segunda-feira fazer a medicação: Onicit, Decadron, Polaramine, Cimetidina, Taxol, Carboplatina, Keytruda, Tevacarbo. Todas com suas dosagens de acordo com o meu tratamento.

Realizei a quarta quimioterapia no dia 05 de junho de 2023; a quinta, no dia 12 de junho; a sexta, dia 19 de junho; a sétima, dia 10 de julho, e a oitava, dia 17 de julho de 2023. Todas elas foram realizadas na mesma rotina de exames laboratoriais antes do dia da medicação. No dia da medicação, consulta com o médico oncologista Dr. Rodolfo para avaliar os exames e a minha condição física, psicológica, sempre uma consulta de troca de informações, de como estava prosseguindo com as doses e medicamentos, como o meu corpo estava reagindo após a última medicação recebida, como estava se comportando, se estava havendo alguma reação, como estavam as minhas percepções, a minha cabeça com os pensamentos e ideias, a minha rotina em casa, com os familiares, amigos, condição de trabalho, a minha disposição para a Vida, o lazer, os esportes, os meus tratamentos paralelos, os que estava fazendo e de que forma, enfim, uma consulta demoradinha, sem pressa e muito agradável. Uma consulta em que o Dr. Rodolfo, com todo o seu profissionalismo, conhecimento e psicologia, me deixava muito à vontade para falar, perguntar o que não entendia, o que tinha curiosidade, para relatar algum acontecimento de que eu tive conhecimento ou de que tive notícia.

Quando estamos frequentando uma instituição que trata somente câncer, e todo o tipo de câncer (o que mais presenciei foram os cânceres de mama, intestino, próstata e a leucemia), encontramos mais de uma vez e acabamos conversando com os outros pacientes. Então começamos a ter conhecimento de como está indo o tratamento, de como está passando a pessoa com toda a medicação, suas reações, suas dificuldades e até a sua rotina. Começamos até, de alguma forma, a comparar os cânceres de mama e a perceber como é cada organismo, como a reação é diferente, seja com o uso de diferentes medicações ou com a mesma medicação recebida, que o tipo de câncer é parecido no mesmo local e na mesma programação de quantidades de quimioterapias, brancas e vermelhas. Percebemos também quem usou a touca de crioterapia, quem não a usou, e como foi a administração com a queda do cabelo. Nessas trocas de experiências vividas com outras pessoas, aprendi muito e tive ideia de como seria se acontecesse comigo da mesma forma ou de forma parecida. São relatos valiosos, carinhosos e que nos amparam e confortam o coração na condição em que nós nos encontramos, mais especificamente no caso do câncer de mama, e que aparentemente é de fragilidade, mas, na realidade, o que encontramos no caminho são verdadeiras fortalezas e lições de vidas. Acabamos de uma certa forma nos envolvendo com esses exemplos de vida, trocando experiências, além de encontrar e conhecer, no mesmo espaço de tratamento, pessoas que estão passando pelo mesmo processo do câncer de mama.

Percebi que o aumento do diagnóstico câncer de mama é grande, acontece com qualquer pessoa e com quem a gente menos espera. Na própria instituição tive relatos de funcionários, principalmente da atendente da recepção, de que a cada dia chegavam pacientes novos para dar início aos tratamentos oncológicos. É assustador o índice de aumento!

Eu confesso que achava que não iria acontecer comigo, quer dizer, nem pensava em doença, em ter o diagnóstico de câncer de mama. Imagina?! Euzinha tendo que passar por todo um processo de doença grave. E aí, como fica tudo na Vida? Fui digerindo todo o diagnóstico e tomando as devidas providências para que o tratamento se realizasse e da melhor forma. Fiz a minha parte analisando cada tratamento proposto, seja na medicina convencional ou na paralela. Quis me cercar de todo possível tratamento falado aqui e ali. Estava em um momento em que queria abraçar o mundo e mais alguns mundos aí pelo universo e ter a cura rapidinho, até que chegou a um ponto em que me centrei, respirei, analisei e constatei que tinha que seguir um caminho, e um caminho aonde o meu coração me guiasse. Através de minhas percepções, fui organizando os pensamentos de forma a refletir nos tratamentos. Deixei uns, adquiri outros e fui a cada dia o seu cuidado e um pouco a cada dia. Deixei o universo me intuir, guiar meu coração, me ajudar a escolher o caminho melhor a seguir.

E, assim, sigo com os tratamentos de quimioterapia, imunoterapia e crioterapia, da medicina tradicional, e mais os seguintes tratamentos:

*BIOFAO, realizado a cada avaliação de sua necessidade por meio de minha irmã médica Dra. Liliane;

*ACUPUNTURA, seguindo com sessões semanais ou quinzenais, conforme a avaliação da Roberta, minha terapeuta e acupunturista, que cuida do equilíbrio de minhas energias;

*NUTRIÇÃO, com a minha sobrinha Fernanda, que faz as avaliações necessárias para o equilíbrio do corpo, gordura e massa muscular;

*NUTROLOGIA, com Dra. Amarantha, por meio de consultas *online* seguindo uma alimentação mais natural com suplementos e orientações com os melhores alimentos;

*ATIVAÇÃO FREQUENCIAL, com Rogélio, que me atende a cada momento necessário e de precisão;

*MAGNETISMO, com Welington, terapeuta, em sessões de encapsular o nódulo semanalmente;

*CONSTELAÇÃO FAMILIAR, com Marli e Creusa, que me envolvem com muito amor, respeito e me acompanham em todo o processo;

*TERAPIA PLASMÁTICA, com a mestra Val, realizando dez sessões diárias;

*MEDITAÇÕES, essas diárias, já seguindo minha intuição (e o corpo pede);

*EXERCÍCIOS FÍSICOS, à medida que o corpo permite (adoro e faço caminhada em um parque aqui em Uberlândia, que é terapia também; caminho ou até consigo correr um pouco, conversando com a natureza, falando mantra, trocando energias, e abraço uma árvore toda vez que vou ao parque no término de minha atividade física);

*HO'OPONOPONO, oração original, que escuto através do Youtube todos os dias e algumas vezes durante o dia, quando sinto a necessidade.

Tenho comigo que, quando qualquer doença se manifesta no corpo, é a cura. A doença começa nos corpos: espiritual, mental e emocional. Por último, no físico. Então, quando chega ao físico, é a cura.

E quando penso assim, eu sou vários corpos: espiritual, emocional, mental e físico. Tenho que cuidar de cada um em busca do equilíbrio, para a cura ser plena, por isso estou fazendo vários tratamentos. Para mim são tratamentos valiosos e de muita necessidade; e, o mais importante, o coração está pedindo. Sinto que sou a fonte que tudo é! Gratidão me move!

Não sei para você que está lendo o meu livro, mas, para mim, a frase mais bonita é "DEUS TE ABENÇOE!". Então, eu me abençoo e peço a Deus, a cada amanhecer, que me abençoe no dia de hoje e em todos os dias seguintes. Sou abençoada!

Falo para mim desde o início do diagnóstico:

– O meu diagnóstico não me pertence, sou grata pelo aprendizado e acredito que fará o seu trabalho, eu o libero e pode ir embora com bênçãos! Eu me abençoo!

Dirijo-me, depois que fiz constelação familiar, e mentalizo minha ancestralidade do feminino materno, então digo:

– Eu sinto muito que isso tenha acontecido com cada uma de vocês. Eu peço que vocês me abençoem se eu fizer daqui para a frente diferente!

Tem um poema de Cora Coralina de que gosto muito e que trago para minha vida, pois fico sempre a me perceber e me questionar, porque, "mesmo quando parece tudo desabar" à nossa volta, é imprescindível eu "decidir entre rir ou chorar, ir ou ficar, desistir ou lutar". São forças opostas que existem dentro de mim e que me impulsionam de acordo com o meu sentimento, e vou descobrindo que, realmente, "no caminho incerto da vida", o que tem de mais precioso "é o decidir".

Sempre temos na Vida dois caminhos a seguir. Decidir o caminho a seguir, fazer escolhas diferentes do que já estamos acostumados a fazer dá trabalho, porque somos obrigados a sair de nossa zona de conforto. Ter mudanças e fazer mudanças é difícil porque exige fazer diferente, exige fazer algo novo que desconhecemos, então, dá medo sim.

Acredito que mudanças acontecem em micropassos confortáveis, mas corajosos.

Construa quem você quer ser! Quando você começa a caminhar, o caminho aparece. Confie.

Às vezes, você faz as escolhas na Vida, às vezes...

As escolhas fazem a Vida, às vezes...

A Vida faz as escolhas. É por aí que as coisas acontecem.

# PIPOCA E BORBOLETA, SIGNIFICADOS NA MINHA VIDA

Adoro pipoca! Quem me conhece um pouco sabe o quanto amo. Não tenho hora para comer pipoca e gosto de todo sabor. Venho aqui compartilhar o porquê de adorar pipoca, que faz parte da Elaine em todos os momentos de sua Vida.

Além de ser gostosa mesmo, fico encantada pela transformação do milho duro em pipoca branca e macia. É um símbolo da grande transformação pela qual devemos passar para que venhamos a ser o que realmente devemos ser.

Toda dificuldade traz sempre uma grande lição... embora a gente procure remédios para as dores do mundo, é preciso coragem para encarar o "fogo", representado por desafio ou dor, que algumas vezes se coloca à nossa frente. Nos momentos de obstáculos, quando a oportunidade de sair do casulo se apresenta, é preciso humildade para admitir que não somos donos da verdade e muuuuita coragem para LIBERTAR-SE de velhos hábitos e dar um salto no vazio rumo à transformação, para que possamos nascer de novo, para a nossa verdadeira natureza, para quem realmente somos.

Conforme Rubem Alves, somente milho duro que passa pelo fogo se transforma em flor branca e macia, e o milho que se recusa a sair da casca e estourar (mesmo sob fogo ardente) fica "piruá", duro e triste.

Cabe a mim decidir VIVER como pipoca ou MORRER como piruá.

A transformação só acontece pelo poder da adversidade, pela vontade própria de fazer e ser diferente diante das situações que não controlamos e que não imaginávamos que iríamos passar.

É a lagarta rastejante e feia que surge do casulo como borboleta azul voante, linda, leve e solta.

A borboleta é um dos bichos que sofrem a metamorfose mais completa. A transformação ocorre em quatro fases: a do ovo, a da larva, a da pupa e o estágio adulto, e envolve mudanças em sua estrutura, fisiologia e até mesmo em hábitos de vida. No momento certo, a lagarta forma a pupa, uma espécie de casulo, também chamada de crisálida, e passa por período difícil para se transformar em uma borboleta ao final do ciclo.

Se passamos bem pelo nosso casulo (que podem ser sofrimentos, dores), a metamorfose desse ciclo chega a sua última etapa, que é romper esse casulo e nos tornar borboleta. Aqui nos expandimos e abrimos nossas asas para o mundo, mostrando a que viemos. Estamos adaptados à nova realidade e podemos nos envolver de forma saudável e segura com tudo e com todos a nossa volta. Aceitar que essas transformações são naturais e fazem parte da Vida ensina-nos a importância da resiliência e da perseverança. Assim como a borboleta, nós podemos superar obstáculos, desafios, se formos determinados e persistentes em nossos desejos e em nossos sonhos.

Tenho uma tatuagem no meu ombro direito que fiz em novembro de 2021. Foi o meu presente de aniversário a mim mesma. Adoro me dar presentes. É uma borboleta azul! Está pousada em meu ombro, de forma que, quando a vejo, me lembro de como sou forte e capaz de ultrapassar cada obstáculo que encontro no caminho. Dessa forma, procuro estar preparada para as mudanças que podem ocorrer em minha Vida. Não é nada fácil, mas a partir do momento em que procuro me conhecer e me perceber em cada situação, em cada ação e em cada comportamento, sigo em autoconhecimento, em autoperdão e em autoamor. Me amo acima de qualquer coisa, gosto de mim, gosto da pessoa que me tornei e sou hoje a minha melhor versão.

Tenho comigo a pipoca e a borboleta. Adoro saborear e degustar a pipoca, assim como adoro ver as borboletas; me representam muito e me fazem prestar atenção à transformação que se dá dia após dia e, na maioria das vezes, nem notamos, mas, vez por outra, uma ficha cai, e vemos a linha do tempo, lembranças de anos e histórias, tantos feitos e efeitos. Temos condições de transformar na consciência da troca. Tudo que era pesado se torna mais leve, a leveza no pensamento nos ajuda nos desprendimentos dos pesos reais ou imaginários. Sofrimentos ou quilos! Ressentimentos ou gordurinhas!

Para crescer, penso que basta estar vivo! É questão de tempo. O próprio viver vai se encarregar disso. Acredito que um bom pensar faz um efeito dominó e muda nossa vivência diária.

Nem por um momento ignoro a dificuldade de passar pelos processos – faz parte –, mas ao abrir o casulo, a lagarta será borboleta e o milho, exposto ao calor, será flor branca e macia. Entendo que cada um irá vivenciar seu casulo ou sua panela da sua melhor forma, e penso que existe uma outra linha de pensamentos que podemos acessar durante o sofrimento que faça a diferença e reflita em todos os dias seguintes de nossa existência.

Por isso amo pipoca e a minha borboleta azul!

Não haverá borboletas se a Vida não passar por longas e silenciosas metamorfoses.

É o processo, é o passar e o saber passar por tudo nesta Vida, e ser borboleta é minha escolha.

A cada borboleta o seu significado.

E se essa borboleta for azul, junta-se a minha borboleta à minha cor preferida. Fica perfeito!

Adoro borboleta azul!

Sou uma borboleta azul!

# VISLUMBRANDO POSSIBILIDADES DE NOVO HORIZONTE

A terapia de plasma é realizada por chamada de vídeo. Fico em uma posição confortável, sentada com um copo de água próximo, e sigo as orientações da Mestra Val, que fica direcionando o bastão de plasma em minha direção com os comandos. Fecho os meus olhos, vou ouvindo a voz da Mestra Val e, ao fundo, uma música tranquila aos ouvidos. Ali me entrego para a terapia observando a minha respiração.

O bastão é direcionado ao meu corpo. Na primeira sessão, que foi no dia 8 de julho, senti no meio do meu externo, osso no centro do tórax, bem na direção da glândula timo, perto do coração, movimentos de energia circulares e bem rápidos. Minha sensação é que esses movimentos iam aumentando o diâmetro dessa energia. Minhas mãos estavam formigando, e Mestra Val pediu para eu colocá-las em cima da glândula timo. Quando coloquei, senti essa energia circular em todo o meu corpo de forma a envolvê-lo unicamente. Uma sensação muito boa. Senti uma circulação de energia rápida, dos pés à cabeça e, ao mesmo tempo, braços e pernas; um movimento circular, rápido em todo o meu corpo, numa sensação de que ele estava sendo varrido por toda parte. Esse movimento foi diminuindo sua intensidade, continuou a ir a toda parte do meu corpo, mas, de forma mais lenta, foi diminuindo, diminuindo a velocidade, ao ponto que parou; parou na glândula timo, de onde começou todo o movimento de energia. E aos comandos, fui retomando minha respiração, abrindo os olhos devagar, recuperando os movimentos dos dedos, pés e mãos até abrir os olhos e me perceber inteira, consciente do que havia acontecido.

Relatei o que havia sentido durante a sessão à Mestra Val, e ela me falou que sou muito sensível e que havia sido realizado ali, naquele momento, uma limpeza energética, resetando as energias, liberando espaços para novas energias. Me senti muito bem, leve.

Na sessão seguinte do bastão de plasma, que foi logo no outro dia, Mestra Val me pediu que pensasse em um lugar na natureza que já havia visitado e de que gostei. Imediatamente me veio a imagem da Cachoeira das Irmãs, perto aqui de Uberlândia, aonde fomos eu, Carol, Gu, Marcos e suas filhas, Thaís e Paula. Fizemos um piquenique, um excelente passeio, e ali ficamos um bom tempo. Entramos na cachoeira, e eu já sabia do meu diagnóstico. Esse passeio foi quando estava fazendo os exames para todo o planejamento da doença de câncer de mama. E com essa imagem à minha frente, me reportei à cachoeira, aonde fui, e na imaginação, em direção à cachoeira, fiquei bem em frente a ela, dentro do rio, ouvindo o barulho da água em sua queda. Sentia todo o respingo da água e, na força dela, senti sendo puxado do meu corpo, na altura do tórax, em direção à mama esquerda, o nódulo, que foi sugado pela cachoeira na sua queda. Ele foi acompanhando o movimento da água e sendo levado na mesma velocidade dela. Estava bem forte esse movimento e foi seguindo o curso do rio abaixo. Em um movimento de onda, como se o nódulo estivesse nadando o nado borboleta, ele subia e descia. Era um movimento muito claro aos meus olhos. Saía da água, num movimento externo, e ao entrar na água, com o seu movimento interno, numa onda forte e grande, andava por um determinado espaço no rio. Dessa forma, no rio em velocidade, desabou no mar, no oceano, e logo que entrou no mar com ondas, havia um buraco sem fundo no meio da água, como um redemoinho forte. Eu vi nitidamente o buraco no meio dele, e o meu nódulo, que tinha uma velocidade, foi atraído ao meio desse redemoinho e sugado para o centro de Gaia, minha amada Mãe Terra. Quando foi sugado, vi uma explosão, um clarão que até os olhos se assustaram, piscaram devido à claridade. Levei um susto, e o corpo também reagiu em pequeno movimento. Que maravilhoso esse movimento! Quando terminou a sessão, relatei a experiência à Mestra Val. Ela me disse que eu tinha ido a um lugar muito lindo e me perguntou qual era. Relatei a vivência, e ela me falou que esse movimento representava o meu sagrado feminino, que minha aura estava azul e que estávamos no melhor caminho. Foi muito profundo, e que eu levasse essa sensação comigo.

A Marli me envia *reiki* (medicina alternativa) semanalmente. Ela é terapeuta e fez a minha constelação familiar, que foi feita também durante a realização dos exames. Havia me falado do sagrado feminino, que precisava ser curado, me disse que havia um segredo que vinha vindo de geração em geração e que estávamos olhando com muito amor para toda essa história. Eu e Carolzinha começamos a cuidar do nosso sagrado feminino.

E a partir daí comecei em meu banho, diariamente, a fechar os meus olhos, a me posicionar embaixo do chuveiro de forma que a água caísse em meu peito, com as mãos lateralmente ao meu corpo e espalmadas em direção à queda d'água. Reporto-me à cachoeira novamente, imagino todo o movimento experienciado na sessão de plasma com o nódulo e finalizo com gratidão a todo o processo ali vivido, direcionando minhas mãos ao ralo dentro do *box*, por onde toda a água está indo embora.

A terceira sessão de plasma, em 12 de julho de 2023, uma quarta-feira, começou da mesma forma, por vídeo, com uma música ao fundo gostosa de ouvir. A Mestra Val nesse dia estava vestida de azul e usou o bastão de plasma da mesma cor, uma cor azul muito linda e envolvente. Comecei a seguir as orientações na minha respiração: tomar uma respiração profunda e que fosse inspirando e expirando, e ao inspirar, que imaginasse tudo que eu desejasse, o de melhor entrando em meu corpo e, ao expirar, imaginar tudo que eu não queria que ficasse dentro dele saindo e indo embora sem olhar para trás. E assim fui, nesse movimento da respiração. Pensava comigo na inspiração: entra saúde... na expiração: sai doença, sai nódulo... e nesse entra e sai das energias, pedia que tudo que não era meu, que não me pertencia, que fosse embora na gratidão do passar pelo meu corpo. Nesse movimento da respiração, fui sugestionada a ir para um lugar que gosto muito, já curada, sem nada do meu diagnóstico, curada completamente. Fui para a praia. Adoro praia! O movimento das ondas do mar trazendo e levando significa muito para mim.

A praia estava com a areia branquinha, leve, fofa e uma temperatura muito agradável de se pisar. Olhei para o mar, envolvida nessa sensação tão boa de estar pisando na areia, e vi o mar na tonalidade verde misturada com o branco do sal, o mar com poucas ondas, ondas leves e devagar, e o sal que se formou quando a onda quebrava se misturava com o verde do mar e se harmonizava com o azul do céu, e o azul do céu era da mesma tonalidade do bastão azul que a Mestre Val estava usando no início da sessão, o que me chamou a atenção. Fui pisando na areia em direção ao mar, já comecei a molhar os meus pés e a sentir a temperatura agradável da água, até quentinha, e fui entrando no mar. À medida que entrava, minhas pernas molhando e os meus dedos tocando a água, fui fazendo o movimento de jogar água para cima, e assim fui me molhando. Eu jogava essa água com os braços leves e esticados ao alto, levando bastante água ao meu corpo, entrando e pulando no mar, olhando aquela imensidão. Com um contentamento muito grande fui adentrando o mar até chegar a um ponto em que não havia mais ondas, somente marolinhas suaves, e ali fiquei e comecei a boiar, com o corpo esticado na superfície da água, os braços levemente abertos e as pernas relaxadas. Minha visão era aquele céu sem nuvens na imensidão do azul, e o meu corpo completamente envolvido no movimento do mar. Momento de paz, de gratidão, de pura entrega. E após contemplar essa sensação, fui ouvindo a voz da Mestra Val a me chamar na respiração, e fui voltando, voltando à minha percepção e à consciência de mim. Simplesmente maravilhoso!

Dia 14 de julho, sexta-feira, na quarta sessão, após iniciar a terapia com o bastão de plasma, fui aprofundando, me entregando e, quando me vi, estava em um jardim, um jardim com muito verde e flores coloridas. Essas flores estavam concentradas em um determinado ponto no jardim e tinham tons fortes em suas tonalidades, o que me chamou atenção. Quando terminou a sessão, percebi a Mestra Val me chamando e fui caminhando nesse jardim, passando pelas flores de cores intensas, fortes, e um colorido de alegrar a alma. A sessão foi encerrada e eu me percebi ainda no jardim. Fiquei reverberando a energia do jardim até o dia seguinte. E no outro dia, quando fui retomando as respirações profundas e fazendo o meu retorno, fiquei me questionando como fiquei ainda por tanto tempo no jardim, ligada de alguma forma à terapia que havia acabado no dia anterior, e eu ali ainda no jardim. Percebi que a Mestra Val encerrou a sessão e eu não a acompanhei, eu não a encerrei.

Na quinta sessão, dia 19 de julho de 2023, antes de iniciarmos, relatei o que tinha acontecido na sessão anterior e minhas percepções. Contei que não tinha saído do jardim com flores lindas e coloridas e que só fui me retirar dele no outro dia. A Mestra Val me falou que tinha a certeza do meu retorno ao final de cada sessão, que podia ficar tranquila.

Começamos então a sessão, com os mesmos inícios, com música ao fundo, o bastão de plasma em minha direção, tomando a respiração profunda, me entregando... fui a uma gruta de pedras, adentrei, e tinha água pingando dentro dela, por toda a sua área e extensão. Não era totalmente escura, pois ao final tinha um clarão, era uma luz e sol mesmo, e fui caminhando nessa direção, com os pingos de água, gotas a me tocarem. A temperatura da água era muito agradável, as gotas não eram frias, e assim fui caminhando em direção a essa luz e percebendo que, à medida que caminhava, mais a luz se expandia à minha frente. Cheguei a um determinado ponto em que se abriu o horizonte e uma paisagem maravilhosa, e eu estava no alto, percebia o calor do sol, tinha à minha frente uma imensidão de céu azul lindo, uma natureza de várias tonalidades de verde em toda a minha volta e a água límpida banhando minhas pernas. Ora me sentava em uma pedra, ora ficava de pé, e assim foi o movimento, na gratidão de estar contemplando aquele cenário tão único e maravilhoso aos meus olhos.

Durante as sessões de terapia de plasma, recebi de presente de minha irmã Eliane o cartão plasmático, que uso bem em cima do nódulo, debaixo do sutiã, e assim recebo o benefício do plasma no tempo em que o estou usando; caminho à cura.

Entre as sessões de terapia plasmática, aconteciam paralelamente outros tratamentos, como: acupuntura, passe à distância, tratamento espiritual toda semana, terapia de magnetismo, avaliação com o BioFAO. Em cada avaliação, entre as medicações e exames, a minha irmã Liliane ia constatando a necessidade de uma outra dose; eu sempre dando o retorno de como o corpo estava se sentindo, de como a mente estava se comportando e, de uma forma detalhada, falava das minhas percepções, com avaliação do campo magnético e de cada chacra.

É magnífico perceber como a energia atua no corpo, como sustenta todo o nosso organismo em pleno funcionamento, como é harmônica, e quando flui bem, tudo vai bem, mas quando há um bloqueio ou uma pequena parada de energia, ali está o campo favorável para a doença se instalar. O segredo é deixar fluir, deixar caminhar e não deixar que os sentimentos parem a energia em nosso corpo. Através do nosso campo magnético, devemos perceber o que estamos atraindo para o nosso lado, seja uma atração positiva ou negativa, a qual, na maioria das vezes, não percebemos no processo; infelizmente, só no final, quando já chegou e está grudada como um imã.

O autoconhecimento se encaixa aqui; observar o corpo diariamente, perceber o nosso humor, olhar no espelho e ver com detalhes aquela pessoa à frente, olhar nos olhos, verificar o brilho no olhar, ver o semblante, constatar a postura, alinhamento dos ombros, ver o seu sorriso… que energia tem o sorriso! O sorriso é o bem-estar, está ligado à sensação de felicidade e alegria, é luz no rosto, faz bem para a saúde.

"Às vezes, a alegria é a fonte do seu sorriso e, às vezes, o sorriso é a fonte da sua alegria!", disse o monge budista Thich Nhat Hanh.

Quando acordo, me olho no espelho, me dou um bommmmmmm-diiiiiiii-ia com alegria e com aquele sorriso me presenteio ao amanhecer! Converso comigo ali no espelho, uma conversa de mim comigo mesma, em que falo a respeito do que vamos enfrentar durante o dia; me fortaleço, se for o caso, olho nos meus olhos e faço algumas perguntas. Às vezes vem a resposta, outras vezes fica sem resposta mesmo. É o meu momento, de me observar, olhar com carinho e muito respeito, sem julgamentos e sem cobranças; é um momento de encorajamento e fortalecimento para o dia que se inicia, e no final dessa conversa, repito para mim, novamente olhando em meus olhos: "VOCÊ É LUZ, VOCÊ TEM LUZ E VOCÊ IRRADIA LUZ! BORA SER FELIZ HOJE? A OPORTUNIDADE É AGORA!"

Ali, a energia para o dia está consagrada, e o dia acontece, o dia passa. Ao chegar à noite e antes de dormir, uma rápida reflexão de como se iniciou o dia, de como decorreu e como está finalizando. Na gratidão do dia, me entrego ao sono reparador de todas as energias necessárias para o próximo dia.

E vamos a cada dia o seu cuidado!

Faço também a terapia do *OM – Mantra Chanting*/432 Hz durante cinco minutos a cada dia. Coloco no Youtube, fico em uma posição sentada, com as costas apoiadas, e confortavelmente vou escutando o mantra com olhos fechados e percebendo a minha respiração. Inspiro ao som do *OM* e expiro quando o sino toca; faço essa respiração lenta no tempo de cada um por cinco minutos apenas, uma vez ao dia.

Que sensação maravilhosa, de plenitude e de leveza, quando acaba. E o dia fica harmonioso!

E diante de todos os afazeres, sempre em um pedacinho do dia ou da noite, faço o meu crochê. Gratidão, vó Honorata!

# A NONA SINFONIA COM EXPERIÊNCIA DE QUASE MORTE!

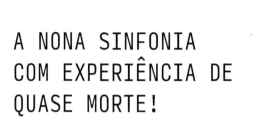

No dia 24 de julho de 2023, segunda-feira, aconteceu a nona quimioterapia, que foi antecedida pela consulta, como de costume, com o Dr. Rodolfo.

No dia anterior, domingo, dia 23, no período da tarde, o meu filho Gustavo, conversando comigo – estávamos sentados no sofá assistindo tv –, me falou que nessa nona quimioterapia iria me acompanhar. De momento concordei; já tinha falado lá atrás do meu desejo de que ele, minha filha Carolina e Marcos, meu namorado, me acompanhassem em um dia de tratamento por completo.

Conversei com o Gu e falei como era a rotina na instituição de tratamento oncológico, com os detalhes de como seriam os passos: recepção, consulta com o médico, enfermagem, locais, medicação, ficar atento a tudo... e como eu durmo, sendo esse meu sintoma assim que começa a medicação da quimioterapia, ele teria que passar todas as informações ali naquele momento. Ele me falou que, então, iria ligar para a tia Lili e perguntar direitinho como seria a atuação dele, o que tinha que fazer, em qual ordem.

Nesse momento me veio a seguinte sugestão: "Gu, hoje já está tarde, e pegar essas informações por telefone não é adequado, prefiro que vá na próxima quimioterapia. Assim, com mais tranquilidade e tempo, você se informa certinho como é todo o procedimento, e a sua tia demonstra até como são certas coisas que precisam ser feitas. Que tal?" Gu concordou comigo, e a minha irmã mesma ficou de me acompanhar.

Confesso que nesse dia o corpo estava cansado, com fadiga muscular, e enquanto aguardávamos na sala de espera para a consulta, queria ir embora, queria não fazer medicação naquele dia, e minha irmã sempre me motivando, falando: "vamos para mais essa, assim é menos uma, estamos na reta final, já foram oito quimioterapias brancas, faltam somente quatro e, contando com a de hoje, ficarão faltando somente três".

"Então vamos, né?!" Reuni as forças e encontrei a disposição que estava escondidinha.

Quando fomos chamadas pelo visor à consulta, fui um pouquinho à frente da Lili, minha irmã, e sempre bato à porta, algumas batidinhas, personalizadas, de forma a avisar que cheguei e que vou entrar. Abri a porta e Dr. Rodolfo estava ali sentado à sua mesa, sorridente, disposto. Ele sempre me estende a mão e pergunta como eu estou, e respondi:

– Estou bem, em pé sem cair, igual prego na areia!

Ele sorriu, e minha irmã me falou:

– Que isso, Elaine?

E ali demos algumas boas risadas, houve uma descontração, conversas, falei sobre a minha fadiga muscular, de como o meu corpo respondia às medicações e que eu estava indo muito bem, que o meu sintoma era somente o sono e nada mais além do sono, e que havia combinado com meu corpo que iria dormir e, quando percebesse, já teria finalizado mais uma medicação. Dr. Rodolfo prosseguiu com a consulta e olhou os exames solicitados, cujas taxas estavam em condições de fazer a medicação. Sempre são avaliados os resultados dos exames para a medicação posterior, e ali encerramos a consulta, encaminhamos o pedido dos medicamentos para a secretária e nos dirigimos ao local dentro da instituição para receber a medicação.

Logo fui chamada para ir ao quarto em que de costume fico. Devido à crioterapia, meus cabelos foram preparados pela enfermeira; ela os molhou e passou condicionador (estou usando xampu e condicionador veganos). Coloquei meu roupão quentinho, sentei-me na cadeira e Lili me arrumou, colocando os cobertores, me deixando bem agasalhada. Nesse momento, me dirigi a minha irmã e falei: "Li, quando eu precisar de alguma coisa, vou bater os meus pés assim, tá?" Eu estava reclinada na cadeira, quase deitada, com os meus pés apoiados em um banquinho ao término da cadeira, para que eles não ficassem dependurados, e fiz o movimento de bater as pontas dos pés; eu estava de tênis e fez um barulhinho. A minha irmã sempre ficava sentada em uma cadeira que estava aos pés da minha cadeira reclinada, e ali ela monitorava o meu estado, a medicação, chamava a enfermeira quando acabava a medicação e sempre levava algum livro para ler ou trabalhar; esse era o costume em cada quimioterapia. E quando disse a ela que iria bater os pés, falou:

– Elaine, estou sempre atenta a você! Não descuido!

Respondi:

– Eu sei, Li, que está sempre atenta, e muito atenta, agradeço por demais. Falei só para criarmos um código. É porque às vezes abro um pouquinho os olhos e vejo que está estudando, compenetrada, e eu não consigo falar de imediato, demoro um pouco (até vir e subir das profundezas do sono) para emitir algum som. O tico e o teco estão lentos também, Li.

Assim foi a nossa conversa, e em seguida começou a medicação. Sempre que começa a medicação, a Lili fica conversando comigo, para ver se eu não durmo, mas no decorrer da conversa, já no início mesmo da medicação, percebo minha língua relaxada, mais lenta, se acomodando dentro da minha boca, ocupando mais espaço que o de costume. O cérebro quer falar de imediato, mas a ação da voz e das palavras fica bem lenta, e a Li já me fala:

– O sono está chegando, né?!

E a partir daí, eu relaxo e me entrego ao sono; na maioria das vezes, nem consigo responder mais a minha irmã.

Desde que comecei a fazer as quimioterapias, converso com minhas células. Mantive esse hábito, pois me sinto bem, me sinto fortalecida e sinto que não estou sozinha comigo, tenho "eu com euzinha". Quando falo que "não estou sozinha", é naquele momento em que ficamos sós; na hora do banho, na hora de dormir... nesses momentos, sabe?! Sozinha comigo mesma. Aqueles momentos em que são só o pensamento e você confrontando ideias, soluções, dúvidas, tentando ajuste mesmo. Terapia de neurônios, eu e euzinha. Momentos em que ninguém, nenhum familiar, filhos, namorado e amigos estão com a gente e nem imaginam que esses momentos existam. E venho aqui falar de como sou abençoada por ter todos a minha volta: filhos, mãe, pai, irmãos, namorado, familiares, amigos... tenham certeza de que recebo toda vibração, toda oração, todo pensamento, toda energia, todo o amor emanados a mim. Essa força que vocês me emitem chega a mim e se junta a minha fé, a minha coragem, ao meu autoamor e, assim, acrescentam à minha força, me tornando guerreira!

No decorrer da medicação, bebo golinhos de água e peço para ir ao banheiro, o que acontece em média de duas a três vezes no período total da medicação. Aí se para tudo, a enfermeira vem e desconecta toda a medicação e a touca, Lili me acompanha ao banheiro, me auxilia, voltamos, me posiciono na cadeira e continua todo o procedimento de onde se parou.

Faltando uns trinta minutos para terminar toda a medicação, bati meus pés. Lili deu um pulo da cadeira, e falei bem grogue e lenta que não estava me sentindo bem, com vontade de vomitar e que queria ir ao banheiro. Mais que depressa, ela chamou a enfermeira, que veio e me desconectou. Chegando ao banheiro, já me posicionei na pia para vomitar, e vinha todo o movimento do vômito, a ânsia, a contração, mas não saía nada, somente houve todo o movimento mesmo, como se estivesse vomitando. Após um tempinho assim, foram acalmando um pouco esses movimentos, e pedi para voltar à cadeira reclinada. Ali falei para a Lili que não estava me sentindo bem e relatei que eu estava sentindo a garganta fechar, estava difícil engolir, e comecei a sentir uma pressão muito grande na minha cabeça. Minha cabeça começou a ficar quente, meus ouvidos foram tampando, a audição diminuindo, difícil para respirar, fazia esforço para puxar a respiração e não conseguia engolir, sentindo muito desconforto e relatando tudo para a Lili. E diante de todo esse quadro, ela imediatamente acionou a enfermeira, os enfermeiros. Então, como eu fiquei: minha cabeça enorme e meu corpo muito pequenininho. Falei para minha irmã:

– Li, minha cabeça está parecendo um mundo e o meu corpo uma ervilha, muita pressão na cabeça, no ouvido, e dificuldade para engolir.

Logo após falar isso para ela, o meu corpo começou a tremer, meu rosto, e em seguida os meus dentes começaram a bater, a arcada dentária de cima bater na de baixo, como se estivesse com frio e tremendo. Tremia muito, mas era muito forte; não havia sentido tal sensação em nenhum momento de minha Vida até então.

Chegou o enfermeiro, e Lili já avisou que eu estava passando mal e, em seguida, acionou a médica da instituição. Já houve um movimento diferente e muito rápido a minha volta. Nesse momento eu já não conseguia mais me comunicar e somente percebia toda movimentação. Chegava enfermeira, fazia perguntas, saía, voltavam outras pessoas, bastantes conversas e tudo rápido; assim, percebi uma situação toda adversa do que já havia experimentado. E nesse movimento chegou o primeiro enfermeiro, saiu, chegou a segunda enfermeira, saiu, chegou outra pessoa e falou que ia chamar ainda a médica. Foi um pouco tenso esse momento, e eu percebendo tudo, vendo a minha irmã perguntando onde estava a médica, pois eu estava passando mal, então o enfermeiro pediu calma a minha irmã e pediu que ela se retirasse da sala da medicação para que eles pudessem me fornecer o atendimento necessário naquele momento, mas a minha irmã falou que não iria se retirar do local porque ela é médica e intensivista e precisava fazer um monitoramento cardíaco imediatamente. Assim, o enfermeiro que estava ao meu lado esquerdo aferindo a minha pressão logo pediu a outra pessoa, enfermeira, que trouxesse o monitor cardíaco. De repente percebi muita gente a minha volta. Teve uma enfermeira que fechou a cortina que separa um paciente do outro na mesma sala de medicação para que aquele que estava ali, também sendo medicado, não pudesse ver o que estava decorrendo comigo. Percebi tudo muito tenso nessas várias movimentações de profissionais, e eu ali, tremendo o corpo todo e meus dentes batendo muito, nesses movimentos involuntários. Fiquei a pensar comigo: "Elaine, pare de tremer, pare seus músculos, para que isso? E os dentes, pare de batê-los, vai quebrá-los, respira, acalma…" E percebi que não conseguia ter o comando do meu corpo; tinha os pensamentos, tinha a vontade de parar, mas não conseguia fazer o meu corpo obedecer ao que estava pensando e querendo fazer. Era muito estranho saber que naquele momento o meu corpo não obedecia à minha mente, não existia conexão entre mente e corpo. Meus neurônios onde estavam? Pensava comigo mesma: muita informação no meu estado físico, mental e ao meu redor. O meu emocional querendo fazer, querendo saber o que estava acontecendo comigo naquele momento, e mais, querendo tomar providência para que tudo voltasse à normalidade. Imagina, eu querendo agir, querendo minha própria ação. Foram alguns minutos assim que me pareceram uma eternidade.

Nesse momento a Liliane já olhava e abria meus olhos, olhava a pupila com a lanterna do celular, olhava meus sinais vitais, já estava com o monitor cardíaco. Então chegou uma médica e, logo após, chegou outra, e uma delas veio até mim, segurou minha mão, eu ainda tremendo muito e batendo forte meus dentes (eu escutava o barulho de meus dentes batendo), e pediu para que eu apertasse a mão dela. Ouvi, enviei a mensagem para o meu cérebro na confiança de que iria executar, codificar, e nada. Não tinha força para apertar a mão da médica e muito menos para falar ou me expressar de alguma forma; me vi e me percebi pior que antes. E o movimento na sala de medicação continuava intenso. A minha irmã falava de todo o meu estado ali de forma clara e objetiva, e todos ouviam e ficavam atentos. Eu ouvia tudo, mas devia estar muito mal mesmo, porque ninguém veio até mim me perguntar como eu estava.

No momento em que chegou o monitor cardíaco, veio um enfermeiro trazendo o carrinho, e à sua frente estavam três homens andando em fileira, rápidos, na frente do carrinho. Imagina a velocidade com que entrou esse carrinho com o monitoramento cardíaco para imaginar a velocidade com que esses três homens chegaram e entraram. Esses três homens eram Gigantes, e cada um tinha na sua mão direita um escudo grande, proporcional ao tamanho deles, e na mão esquerda um cajado comprido que ia até o chão. Entraram um atrás do outro, como escrevi, na frente do carrinho, passaram por trás de minha irmã, que estava a me examinar olhando meus sinais vitais, e se posicionaram entrando pelo meu lado esquerdo, onde o enfermeiro estava aferindo a minha pressão, na minha cabeceira, na cabeceira da cadeira reclinada, ficando um bem centralizado no meio da cabeceira, outro um pouco a minha direita e o outro um pouco a minha esquerda. Ali, os três Gigantes se posicionaram em postura de guardas, olhando tudo a minha frente. Não falaram nada, somente mantiveram a postura, e me senti protegida, amparada e assistida espiritualmente.

Teve um momento em que minha irmã se retirou da sala já com o celular em ligação e, no corredor, falou com a Flavinha (cunhada) que eu tive uma intercorrência e que seria necessário ir de ambulância devido à necessidade de agilidade no atendimento, que era para ela agilizar as possibilidades no hospital para eu ir direto à UTI. E quando minha irmã retornou à sala de medicação, perguntou às médicas se tinha ambulância na instituição de pronto atendimento, e informaram que não tinham ali, mas que iriam acioná-la. Enquanto conversavam a respeito da ambulância, entrou na sala a Nicole (enfermeira oncológica filha de minha amiga Cláudia), que trabalha na instituição onde faço todo o tratamento de quimioterapia. Ela conversou rapidamente com as médicas e com minha irmã e veio logo em seguida até mim, eu ainda tremendo e com os dentes batendo – já haviam colocado algumas gazes entre meus dentes, entre o espaço da arcada superior e inferior –, segurou carinhosamente em meu braço e me disse:

– Elaine, sou eu, a Nicole, vai ficar tudo bem, já estamos tomando todas as providências para a sua melhora, fique bem, vai dar tudo certo!

A Nicole foi a única pessoa, fora a minha irmã, até aquele momento, que me dirigiu a palavra entendendo o ocorrido, sabendo que ali tinha um ser humano que é formado por corpo e espírito e que, apesar de o corpo estar fora de si, sem consciência aparentemente, a mente está ali e pode perceber ou não tudo a sua volta.

Depois que a Nicole falou comigo, minha atenção foi para a Liliane conversando com as pessoas ali presentes, e percebi que minha irmã estava gesticulando, falando, não sei o que estavam conversando, mas percebi minha irmã meio aflita em suas palavras, e o meu sentimento era que ela não estava sendo ouvida. Nesse instante me desloquei até perto dela e logo em seguida veio um Gigante e se posicionou bem a minha frente, olhou para mim, com um olhar sereno, tranquilo, e calmamente me perguntou:

– O que você precisa? O que quer fazer?

Falei:

– Preciso ajudar minha irmã, ela não está sendo ouvida, vou ajudá-la.

Nesse instante o Gigante que estava sem o escudo e sem o cajado, com as suas mãos livres, as posicionou com as palmas viradas para mim na altura de minha cabeça, afastadas de meu corpo, sem me encostar, e falou:

– Está tudo certo, tudo sob controle, fique tranquila!

E durante essa fala, suas mãos espalmadas foram descendo em frente ao meu corpo na direção da cabeça aos pés. Antes de terminar esse movimento e chegar aos meus pés, já fui me deitar na cadeira inclinada, onde eu estava antes tremendo muito e batendo meus dentes, e o Gigante já posicionado novamente na cabeceira da cadeira inclinada e com suas mãos segurando o escudo e o cajado. Voltamos à posição de origem. Tudo muito rápido. Quando fui até minha irmã, eu estava normal, me vi bem, sem nenhum sintoma, e me percebi, vi o meu corpo na cadeira que estava longe de mim naquele momento, vi o meu corpo tremendo e até ouvi o barulho de meus dentes lá no meu corpo batendo. No entanto, logo já fiquei na posição que estava antes de meu espírito se levantar, na cadeira sentindo e percebendo o meu corpo tremer, e tremia muito, e meus dentes batendo novamente.

Essa cena é como se eu tivesse ido ao teatro municipal assistir a uma peça. Eu, sentada em uma poltrona central do espaço do teatro e bem no meio da plateia, via a peça teatral sendo encenada no palco; que era, nesse caso, o meu acontecimento ocorrido ali quase ao término da medicação – a qual já havia tomado algumas vezes sem ter reação nenhuma. Vi tudo como es-pectadora, percebi e ouvi tudo a minha volta, as falas de cada pessoa. Havia pessoas ali que estavam até conversando assunto que não tinha nada a ver com a circunstância do momento, nenhuma ligação. Teve até uma enfermei-ra que viu as gazes em minha boca e falou que eu estava tendo convulsões. Havia pessoas me ajudando, me monitorando, semblantes preocupados, falas diversas, uma movimentação de quase pânico, para não falar pânico, e eu vendo tudo de camarote; aliás, eu e os meus três Gigantes estávamos ali observando tudo a nossa volta.

Quando tomei "consciência" do meu estado novamente, adentraram dois homens uniformizados, socorristas, com uma maca; eram os da ambulância, o paramédico e o motorista. Eles se dirigiram a mim e logo em seguida me colocaram na maca. Nesse momento o paramédico se apresentou: "Sou Ricardo, paramédico da ambulância, e iremos te transportar em segurança". Naquele momento ele estava assumindo toda a situação, conversou comigo me dando todo o parecer da situação e o que iria acontecer. Então a médica da instituição perguntou ao Ricardo onde estava o médico responsável da ambulância, e ele respondeu que o médico estava em outra ocorrência, que se fosse esperá-lo, iria demorar para fazer o pronto atendimento, e que ele era paramédico e tinha toda a condição de me levar ao hospital com segurança. A médica da instituição falou que não poderia liberar a minha saída no transporte sem a presença de um médico para me acompanhar durante todo o trajeto da ambulância até chegar ao hospital.

E eu ouvindo tudo ali, tremendo, pois não parava de tremer nem um segundo, com meus dentes batendo e percebendo, ouvindo todo esse movimento e todas as falas.

Minha irmã falou:

– Então vai uma de vocês duas acompanhando a ambulância.

Responderam que não podiam se ausentar da instituição devido a outros pacientes que estavam ali fazendo medicação como eu, e não queriam que eu fosse na ambulância sem médico. Então ficou um impasse por alguns segundos, ou melhor, fração de segundos. E eu ali, pronta para sair e ir para o hospital, mas não podia. Imagina só a cena.

A Liliane, minha irmã, perguntou para o Ricardo em qual ambulância ele estava, quais seus equipamentos e se tinha a máscara laríngea (máscara utilizada para intubação traqueal em pacientes impossibilitados de respirar), pois, se durante o transporte eu tivesse uma parada de respiração, usaria a máscara laríngea para a recuperação das vias aéreas.

Ricardo respondeu que tinha sim, inclusive, todo o material necessário para emergências e que ele era capacitado para o uso de todo o equipamento que se encontrava na ambulância.

Durante essa conversa, reconheci o Ricardo como socorrista. Minha filha Carol trabalha com plantões na empresa da ambulância e me falava da participação do socorrista com muita propriedade durante os socorros, aí liguei os assuntos.

Depois de obter as informações que precisava, minha irmã se dirigiu à Nicole e às duas médicas ali presentes:

– Sou irmã da Elaine, médica intensivista, e com a licença de vocês estou retirando a minha irmã dessa instituição na minha total responsabilidade e risco.

Ela se dirigiu aos socorristas da ambulância e autorizou a minha remoção, que juntos eles fossem à direção do hospital, onde já me aguardavam. A Flavinha já havia mobilizado o médico e a equipe para me receber no hospital; estavam prontamente me aguardando com o conhecimento da situação. Então pediram para minha irmã assinar um termo de responsabilidade para eu poder sair da instituição.

Saí da sala onde eu estava recebendo a medicação da quimioterapia, e onde tivemos todo os acontecimentos, deitada na maca, segura por faixas que passavam em cima do meu corpo, na altura das pernas, dos braços e do tórax, como segurança ao transporte. Estava tremendo e batendo os meus dentes e percebia todo o trajeto. Havia um socorrista na frente da maca, ou seja, aos meus pés, outro dirigindo a maca, no alto de minha cabeça, e minha irmã nos acompanhando. Passamos por corredores, recepções, com todo o caminho livre para eu passar, e as pessoas caladas, olhando meio assustadas devido à grave cena. Na entrada da instituição, que naquele momento era a minha saída, a ambulância estava posicionada corretamente, com as portas abertas, e ali estava a Flavinha; escutei a sua voz. A Lili entregou todos os meus pertences enquanto me colocavam dentro da ambulância e entrou em seguida, foi comigo dentro do veículo.

Quando me colocaram com a maca dentro da ambulância, o socorrista Ricardo me ajustou com segurança, prendeu a maca. Eu ainda estava com as gazes em minha boca, entre os dentes, mas já havia cortado o lábio e mordido minha língua por causa do movimento involuntário. Ricardo conversou comigo segurando o meu rosto, que estava com movimentos lateralizados, e me falou:

– Elaine, você está dentro da ambulância, vamos te levar em segurança ao hospital, vamos gastar por volta de dez minutos. No hospital já temos toda a equipe para te receber, iremos manter a sirene ligada, em alerta o tempo todo, e vamos ultrapassar os sinais vermelhos, mas fique tranquila, somos habilitados para esse transporte.

E assim fomos, com a Lili sentada em um banquinho lateral localizado no final da maca e o socorrista segurando o meu rosto, conversando o tempo todo, ora com o motorista, ora com a Liliane, minha irmã, e eu ali vendo o que faziam comigo, percebendo tudo a minha volta, ouvindo as conversas, percebendo a velocidade da ambulância. É muito rápida mesmo, ultrapassa todos os carros, e muitos dão passagem; alguns não sabem o que está acontecendo a sua volta e, assim, demoram a dar passagem, mas logo se tocam e abrem caminho, percebendo todo o movimento. Em um determinado momento, o socorrista perguntou para minha irmã a minha idade, e ela falou que eu tinha 55 anos. Ele, sempre atento a mim, a minhas reações, me perguntou quantos anos eu tinha. Eu consegui responder-lhe de maneira lenta, foi difícil saírem as palavras, foi um esforço muito grande de minha parte, mas respondi: "Tenho 54". E aí foi só risada do socorrista e da Lili. E fiquei pensando: "Minha irmã não sabe a minha idade". Eu iria fazer 55 anos só em novembro, dia 10 de novembro, e estávamos em julho ainda, a minha idade era 54. Estava ligada e atenta à minha volta e percebi que o socorrista de alguma forma estava tentando me manter atenta. Muito bom! Agradeço a esses socorristas, paramédico e motorista, "ANJOS" que Deus colocou naquele momento em meu caminho para me atenderem de forma tão humana, gentil e carinhosa, sem deixar o profissionalismo, mantendo-o em sua plena atuação. Sou grata!!

Curiosidade:

A *Nona Sinfonia* é a da "sublimidade" e da "elevação". Deve ser escutada para motivar a remontar às escalas de sentimentos místicos, de espiritualidade, de devoção. Retrata também a criação a partir do vazio e culmina no magnífico "Hino da Fraternidade", que inspira amor universal e compreensão entre as nações.

Há uma lenda na música clássica de que qualquer um que escrevesse uma nona sinfonia morreria logo, se não imediatamente.

A "maldição" das nove sinfonias caiu sobre Beethoven. Sua nona, a *Sinfonia Coral*, foi a última do compositor. Ele faleceu alguns anos após a estreia, incapaz de terminar o que era certamente a tão aguardada décima sinfonia. Podemos falar que essa "maldição" surpreendeu também vários outros compositores, como: Antonin Dvorak, Bruckner, Mahler e Vaughan Williams. Mas minha nona quimioterapia é apenas uma coincidência com o termo "nona", não é maldição!

# VISITA À UTI: INTERAGINDO COM O OUTRO LADO DO PORTAL

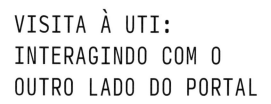

Cheguei ao hospital de ambulância. Nunca tinha andado de ambulância; posso falar que tive um passeio e que foi com emoção.

Quando a ambulância parou no hospital na entrada de emergência e urgência, abriu as portas e já vieram enfermeiros com perguntas que foram sendo prontamente respondidas. E me atenderam, todos ali me ajudando a sair da ambulância. Como em um passar de plantão, passavam o caso ocorrido; era uma transição de equipe, uma falando, a outra escutando, algumas perguntas intercaladas, tudo isso para que, a partir daquele momento, a equipe do hospital assumisse toda a responsabilidade do meu caso e tomasse as providências necessárias para a minha melhora. Depois disso, os socorristas foram para um outro atendimento de ambulância.

Entrando no corredor do hospital, percebi muita gente a minha volta levando a maca, inclusive Lili e Flavinha, que me acompanhavam também. Fomos ao encontro do médico do hospital, mas não andamos muito pelo corredor; acredito que a sala de emergência estava logo ali. Quando a maca parou, as enfermeiras começaram a tirar minha roupa, a colocar a camisola do hospital e, também, tiraram meus tênis. Senti que não desamarraram o cadarço, pois senti tirá-los na força mesmo; estávamos ali em caráter de emergência, tanto eu como todos os envolvidos. Foi tudo muito rápido, e eu não sabia ao certo o que estava acontecendo comigo, mas tive certeza de que a minha irmã, a Flavinha e o médico, juntamente a sua equipe, tinham ideia do que realmente estava acontecendo com o meu organismo e de quais medidas seriam adotadas no momento para a minha melhora. E diante das conversas, me aplicaram uma injeção na veia, e a partir daí não dou mais notícia do que aconteceu; simplesmente apaguei, dormi, me sedaram.

Eu acordei bem mais tarde e estava na UTI. Nunca havia estado internada em UTI, e quando abri os olhos, a Lili estava ao meu lado perguntando como eu estava. Fui me percebendo no quarto de hospital (até então não sabia que era UTI) e não estava mais tremendo nem batendo os dentes, com uma sensação muito boa no meu corpo; não sentia mais os incômodos acarretados pelo tremor e pela batida dos dentes. Minha irmã me informou que estava em um quarto na UTI, que tive reação à medicação da quimioterapia e que tudo já estava sendo providenciado; inclusive, iria fazer alguns exames para detectar o que realmente tinha acontecido com o meu corpo. Ela começou a relatar por alto como começaram os meus sintomas, mas interrompi sua fala pedindo para que não me contasse, que me esperasse relatar o que havia percebido desde a medicação na instituição até a minha chegada ao hospital.

Ela falou que tudo bem e que iria se retirar, pois não podia ficar comigo no quarto de UTI, que eu estava ali muito bem assistida pelas enfermeiras e que, qualquer coisa, chamasse na campainha, que estava ao lado da cama, bem ao meu alcance. Antes de se retirar, me deu notícias de Carol, Gu, Marcos, mamãe, papai e irmãos, todos bem e sabendo que eu estava no hospital. Ela iria sair do quarto, descer e, em seguida, a Carol ou o Gu iria subir para me ver um pouquinho, mas eles não iam demorar também, seria rápida a visita, e me prometeu que voltava depois. Logo em seguida chega a Carol. Foi muuuuito bom ver minha filha e ter notícias de todos por sua parte. Carol me contou que fez a brincadeira do pedra-papel-tesoura com o Gu para saber qual dos dois poderia subir e me ver um pouquinho, porque só foi permitida a entrada de uma pessoa ali na UTI naquele horário, pois já havia passado o horário de visitas aos pacientes daquele setor. Como fui internada após o horário de visitas, houve essa permissão, e Carol ganhou na brincadeira pedra-papel-tesoura.

Carolzinha conversou comigo e falei que estava com vontade de fazer xixi. Eu não podia sair da cama e muito menos me levantar e andar até o banheiro; recomendações médicas. Carol pediu para a enfermeira a comadre e me ajudou, posicionando-a. Nunca tinha usado uma comadre, era de inox. Levantei o quadril, Carol colocou a comadre na posição certa e pediu para eu abaixar o quadril, então encostei na comadre, gelada, mas o xixi travou, o que era de se esperar com esse choque gelado. Aí a Carol começou fazer barulho de xixi, xiiiiiiiiiiiiiiii... e repetia, repetia de novo e, assim, fui procurando relaxar até que o xixi saiu na comadre. Quando o xixi começa a sair, é uma sensação muito estranha, pois parece que vai molhar tudo, mas até que a comadre segura direitinho. O incômodo é somente ser gelada mesmo. Carol ficou um pouquinho mais comigo, trouxe pasta de dente, escova, chinelo... alguns pertences que iria precisar enquanto estivesse ali na UTI, e logo teve que se retirar.

Então veio a enfermeira da troca de plantão, às 19h, se apresentou, muito gentil, educada, se colocou à minha disposição para o que eu precisasse e avisou que logo iria me levar para fazer uma tomografia, que estava aguardando somente a autorização para que pudéssemos ir ao andar onde ocorreria o exame, e que se eu estivesse com sede, era para somente molhar a boca, pois não podia beber água devido ao exame solicitado pelo médico.

Logo em seguida chegou outra enfermeira me avisando que o exame de tomografia havia sido liberado e que já iríamos nos deslocar ao andar, e olhando para mim, falou:

– Você está de brinco, e na UTI não se podem usar brincos.

Não tinha me atentado a isso e não sabia das regras da UTI, pois nunca havia estado em uma antes. Pedi desculpas, falei que cheguei de ambulância ao hospital e que estava me situando ainda, e se ela poderia me ajudar a tirar os brincos. Eu não estava conseguindo tirá-los, e neste momento vi que não estava tão cem por cento boa quanto imaginava. A enfermeira trouxe um saquinho plástico, tirou meus brincos e os colocou em uma gaveta, onde estavam meus pertences que a Carol havia trazido.

Fiquei um determinado tempo sozinha em meu quarto e comecei a observá-lo. Era um quarto relativamente grande, com janelas na extensão toda da parede do meu lado esquerdo. Tinha uma poltrona perto da janela, a cama ficava mais perto da porta de entrada do lado oposto à janela, e nessa parede à minha direita, tinha a porta de correr em vidro e bem grande, à minha frente tinha uma bancada com gaveta embaixo e uma televisão em cima, na parede, um pouco móvel. Na minha cabeceira, na parede, tinha tudo o que um paciente precisa para sua estadia em um quarto de UTI, e à minha direita, um suporte, parecido com uma mesinha, onde estava minha garrafinha de água. Atentamente fui observando cada detalhe, e estava de noite já, não sabia as horas, avistava o céu da minha cama, um céu bem escuro, mas não conseguia ver se tinha estrelas, nem nuvens e muito mesmo avistar a Lua.

A enfermeira entrou em meu quarto e me avisou que o exame de tomografia seria realizado e que as duas enfermeiras iriam me acompanhar. Avisaram que iríamos ao outro andar dentro do hospital realizar o exame e que eu iria na minha cama mesmo, que serviria de transporte. Nisso a outra enfermeira colocou uma caixinha de primeiros socorros aos meus pés e já começaram a destravar a cama, movimentá-la, e começaram o transporte: sai do quarto, entra em um corredor, faz uma curva, anda reto mais um pouco, outra curva, abre porta, fecha porta, todo um trajeto que fui vendo pelo teto. Estava deitada na cama e acompanhava o que estava à minha frente, só que de longe. Em uma porta que se abriu, vi Lili, Carol e Gu bem à frente. Eles já vieram até mim, e as enfermeiras continuando o meu transporte entraram no elevador, sem entender muito o que acontecia ali. A Liliane pediu licença e entraram junto conosco. Foi ótimo porque pude vê-los e conversar um pouquinho, nisso as enfermeiras já perceberam que eram meus familiares e continuaram os seus afazeres. A Liliane trabalha nesse hospital, na UTI pediátrica, então sabe todos os acessos e teve permissão para levar até aquele determinado ponto a Carol e o Gu. Chegando ao andar, saímos todos do elevador, e no corredor ficaram Lili, Carol, Gu. Eu entrei na sala onde iria se realizar o exame de tomografia do crânio e as enfermeiras me auxiliaram. A realização do exame foi tranquila, não demorou muito, foi até rápida, e logo saímos. Encontrei-me de novo com a Lili, a Carol e o Gu. Foi muito bom, foi alimento para o coração ver minha família acompanhando tudo que era possível ali comigo, foi força que recebi em ânimo para sustentar o que estava passando.

Começamos a fazer o caminho de volta. No elevador ficamos todos juntos novamente, e ao sairmos, as enfermeiras pararam um pouco a cama para que eu pudesse me despedir. Conversamos rapidamente, me deram beijo, desejaram boa noite e seguimos de volta ao quarto da UTI, no mesmo trajeto. Cheguei a meu quarto, me acomodaram e, qualquer coisa, era para chamar. Agradeci e ali fiquei a observar mais um pouco o quarto e tudo a minha volta. De onde eu estava, avistava a enfermeira no corredor. Cada enfermeira cuida de dois quartos, e a minha vizinha de quarto as solicitava muito. Ela tinha feito uma cirurgia de quadril, estava bem delicada sua situação, seu quadro, em relação à dor, que me parecia forte, pois sempre chamava as enfermeiras. E ali fiquei comigo mesma. Fui às minhas orações e meditações naquele instante e, na percepção de meu corpo, dos meus sentidos, da minha consciência, fui me desligando um pouco de todo o ambiente e me centrando, observando minha respiração, meus batimentos cardíacos, pequenos movimentos com os dedos dos pés, das mãos, e dessa forma fui me situando mente-corpo.

A enfermeira, quando se retirou de meu quarto, deixou a campainha debaixo de meus dedos da mão direita e falou que, para qualquer coisa que eu precisasse, era só apertar o botão: "Me chama que venho". Eu estava com monitor cardíaco, com soro, oxímetro, aparelho de pressão no braço, toda equipada, e adormeci. Teve um determinado momento em que acordei com o barulho da porta se abrindo, e adentrou a outra enfermeira do turno noturno perguntando:

– O que você precisa, Elaine?

Quando ouvi, pensei: "Vixe, o que eu fiz? Estava dormindo..." E fiquei pensando... quando olhei a luz da campainha acessa, então eu havia chamado mesmo. De imediato respondi:

– Preciso fazer xixi.

Nesse momento a enfermeira pediu que eu desligasse a luz da campainha, pois iria buscar a comadre, e se retirou do quarto. Retornou rapidamente, colocou a comadre e falou que já volta. E assim foi, fiz um pouco de xixi, muito pouco, pois já havia feito com a Carol uma quantidade boa, e quando a enfermeira voltou, olhou o volume de xixi e falou que estava muito pouca a quantidade, que se eu não fizesse uma maior quantidade, iria colocar-me uma sonda. Agradeci à enfermeira e pedi uma garrafinha de água, afinal, tinha que fazer xixi. A única forma era ingerir líquido, muito líquido, pois não queria colocar sonda. Colocar sonda é desconfortável por demais. Já havia colocado uma vez, quando tive o parto da Carol; já tinha uma experiência (e, me recordando aqui, no parto do Gu não foi preciso usar). A enfermeira logo trouxe a garrafinha de água e reforçou que eu tinha que fazer xixi, que iria medir e que se não tivesse uma quantidade satisfatória, a sonda teria que ser colocada. Eu comecei a beber água, de golinho em golinho, fui me hidratando, e dormia um pouco, acordava, tomava água, muito sonolenta, e assim foi passando o tempo. Um pouco depois entra a enfermeira e me pergunta o que eu queria. Acordei e já pensei: "Apertei a campainha." De imediato olhei para a luz da campainha e era verdade, eu a havia chamado, estava acesa. Nesse momento em que apertava a campainha dormindo, só percebia quando as enfermeiras entravam no quarto. Com essa minha percepção, falei com a enfermeira e pedi desculpa pelo ocorrido. Pedi que colocasse a campainha um pouco mais à frente de minha mão, retirando-a do meu alcance, e assim foi feito. Como pode?! Eu dormindo e fazendo arte no quarto da UTI. Só euzinha mesmo!!

De tempos em tempos o aparelho de pressão inflava, media a pressão arterial, eu acordava, bebia água e fui aumentando a quantidade. Pedi duas garrafinhas de água para a enfermeira. Estava muito sonolenta por causa da medicação que havia tomado. E assim estava sendo a minha rotina noturna na UTI. Por volta de umas 2h40, me deu vontade de fazer xixi, e pensei comigo: "Agora vai!" Nessa brincadeira de aperta campainha, apaga luz da campainha, acorda, bebe água, aparelho de pressão infla, eu já havia tomado cinco garrafinhas de 500 ml de água. Dessa vez, apertei a campainha consciente, com desejo de chamar mesmo a enfermeira, que veio prontamente. Falei da minha vontade, ela trouxe rapidamente a comadre, encaixou e falou que já voltava. Eu ali, encostada na comadre que de tão gelada até travava o xixi, comecei a me lembrar de Carol com o barulhinho do xiiiiii. Fui levantando o encosto da cama utilizando o botão do controle remoto e, assim, fui me ajeitando, e o xixi começou a sair. Que alívio! E saiu muuuuito xixi; fiquei até preocupada em derramar. A enfermeira logo veio e falei dessa minha preocupação. Ela me disse que ficasse tranquila, que ela nunca tinha visto derramarem xixi da comadre, que eu poderia continuar fazendo. Quando chegou ao meu quarto, percebi em sua mão um saquinho plástico que me chamou a atenção, mas fiquei na minha. Terminei de fazer o xixi, avisei à enfermeira e ela veio já desdobrando o saquinho que estava em suas mãos e me comunicando que iria medir o volume do meu xixi. Quando pegou a comadre, ficou espantada com a quantidade e me falou que quase ela iria ver pela primeira vez xixi transbordar do objeto. Ela pegou o saquinho, colocou o líquido, que estava amarelinho claro, e percebeu o volume de um litro. Aí foi festa. Ela chamou a outra enfermeira, contou, as duas ficaram contentes por mim e pediram para que eu continuasse com o mesmo ritmo de água. A partir desse momento, ficou mais tranquilo. Passado um tempo, chamei de novo a enfermeira e fiz mais 700 ml de xixi. Depois de mais um tempo, fiz 900 ml, e assim fomos com o xixi, sem contar com as vezes que tinha de tomar medicação e, de tempo em tempo, o aparelho de pressão inflava, medindo-a. E a madrugada foi passando.

A minha percepção ficou muito clara sobre tudo o que havia acontecido na instituição de medicamento, onde passei mal e fui encaminhada para o hospital, para uma UTI. Tudo foi passando como se fosse um filme em minha mente, e fui analisando comigo mesma cada cena, atenta aos detalhes, expressões, conversas, a atitude da Lili, os meus Gigantes, as médicas, os socorristas, o transporte de ambulância, a chegada ao hospital, como fui recebida e tudo que tinha me acontecido até aquele exato momento. Pensei: "O negócio que aconteceu comigo foi meio grave!" Nesse instante, fui me tranquilizando a mente, no sentido de que tudo o que deveria fazer foi feito e da melhor maneira possível, tudo no seu devido tempo e ação. Graças a Deus e à atitude da minha irmã – intuída, tenho certeza –, contando com seu profissionalismo e sua experiência em casos graves, já que ela só lida com pacientes de UTI, estava grata e com o coração feliz por estar ali pensando, conseguindo raciocinar, elaborando ideias, fazendo até a arte de apertar a campainha dormindo e tendo a capacidade de ver tudo o que havia acontecido, de escutar as conversas, de observar tudo e todos à volta. Era muito magnífico o que havia ocorrido comigo. Vi o meu corpo sendo cuidado; não estava junto dele, mas afastada em espírito, e eu era igualzinha ao meu corpo ali deitado na sala de medicação, vendo pessoas cuidando de mim sem que eu pudesse fazer nada, apesar de querer fazer tudo. Eu queria ajudar, mas estava impossibilitada, então me restou somente assistir de camarote a todas as movimentações que ocorreram comigo.

Pensei: "Agora posso contar à Lili o que eu vi, percebi e ouvi, e confirmaria ou não o que estava em minha mente." Elaborada essa ideia, me aquietei; era muita coisa para a minha cabeça, e fui fazer minhas orações, meditações e, assim, fui vendo o dia amanhecer pela janela do meu quarto. O céu foi clareando e ficando azul, um azul muito lindo de se ver, e nisso as enfermeiras vieram se despedir; elas voltariam no próximo plantão. Agradeci e desejei um ótimo dia e um excelente descanso.

Na troca de plantão, já vieram outras duas enfermeiras, se apresentaram, muito gentis, e começamos o dia na mesma rotina de medicações, aparelho de pressão, beber água, comadre... e logo veio o café da manhã. Bom demais, pois já estava com fome, mas vieram algumas coisas que não podia comer por ser celíaca (não posso comer nada que contenha glúten). Falei para a enfermeira e foi providenciada a troca. Então tomei um café da manhã gostoso com frutas e suco.

Depois do café, foi um período que fiquei mais quietinha, sem muito entra e sai de enfermeiras e de outros profissionais do hospital, olhando para o céu através do vidro da janela do quarto de UTI. Foi me vindo à mente uma cena: logo após eu ter feito o exame de tomografia do crânio, eu adormeci, de madrugada, e vi meus Gigantes entrando no quarto. Primeiramente os mesmos três que estavam à minha cabeceira da cadeira inclinada onde recebia a medicação, mas atrás deles, entrando também, outros Gigantes, muito parecidos entre si, e cada um com um escudo na mão esquerda e um cajado na mão direita, em ordem, um atrás do outro em silêncio, olhando para mim. Entraram em fila e foram se organizando em volta da minha cama, formando um círculo a minha volta. Eu estava no meio dessa roda, e quando se posicionaram e fecharam o círculo, fizeram um movimento único: todos, ao mesmo tempo, levantarem o escudo da mão esquerda, de maneira que passaram por cima do cajado do Gigante a sua esquerda; levantaram o escudo e o sobrepuseram à mão direita com o cajado, de modo que os braços ficaram cruzados. Esse movimento foi muito lindo de se ver, ao mesmo tempo, todos ao mesmo tempo, em harmonia e em uma sincronia maravilhosa. Eu escutei o barulho desse movimento, um barulho de metal, como se tocasse um sino que logo parasse o seu som; não foi um som longo, foi um som curto e lindo de se ouvir. Os meus ouvidos gostaram de ter essa sensação. Após esse barulho único, vi na altura do peito de cada Gigante uma luz branca. Essa luz branca começou a se emendar com a do outro Gigante, formando uma roda de luz branca que, em movimento circular, passava na frente dos Gigantes. Essa luz foi se expandindo, aumentando sua área em minha direção, fechando-se ao centro da roda, onde eu estava. À medida que essa luz se movimentava em roda e se aproximava de mim, sua cor branca foi ficando mais intensa. Que cor linda! Era um branco de aconchego, de tranquilidade, de paz. Foi cada vez ficando mais perto de mim, e eu sentia a sua intensidade. Essa roda de luz ficou em toda a minha volta, já bem próxima à cama, que eu quase não percebia mais, pois somente a luz me chamava a atenção. Então ficou assim, eu ao centro de uma roda, à minha volta uma faixa em toda extensão dessa roda, uma luz na cor branca e em movimento contínuo, após essa faixa de luz os meus Gigantes com os braços entrelaçados, segurando os cajados e escudos, sustentando essa luz em círculo. Eu consegui ver essa imagem de cima. Imagina essa cena vista do alto... Nesse momento eu rapidamente voltei a ver da posição em que estava, deitada na cama, e veio do alto uma luz na cor amarela alaranjada, um feixe de luz descendo em direção ao meu chacra do plexo solar. Ele entrou pelo chacra e foi se espalhando dentro do meu corpo, indo diretamente para o baço, depois para o fígado, o rim, o intestino, o coração, o pulmão, e foi tomando conta de todo o meu corpo internamente; até se envolveu com meu sangue, misturando a cor alaranjada com a cor vermelha. Um movimento interno de cores e por todos os órgãos e partes de meu corpo. Eu sentia toda essa energia, energia em movimento, dentro de todas as partes de meu corpo; e minhas mãos, as palmas das mãos, ficaram formigando.

Essa energia foi circulando, se movimentando, e fui mentalizando, me envolvendo, até que adormeci.

E um outro momento de percepção, também de madrugada, quando eu, após fazer o primeiro xixi, olhava em direção à janela e via aquele céu muito escuro, com poucas nuvens, atenta àquela escuridão, fiz um movimento com a cabeça para a direita, onde tinha a porta do quarto e se via o corredor. Foi um movimento rápido, e voltei à posição inicial, olhando para o lado esquerdo onde se encontrava a janela. Quando vi todo esse cenário novamente, na cadeira que tinha perto da janela enxerguei minha avó sentada, minha vó Honorata. Ela estava com um semblante tranquilo, e quando a vi, ela deu aquele sorriso. Foi o mesmo sorriso que me deu quando eu fiz constelação familiar. Ali comecei a conversar com minha avó: eu falava para ela do meu diagnóstico de câncer de mama, que não era um diagnóstico fácil, que era uma doença grave, que eu tinha consciência disso, de sua gravidade, e estava tendo a responsabilidade, a disciplina para cuidar da minha doença, do meu diagnóstico, de fazer tudo o que tinha que ser feito; falei das minhas terapias e contei para ela que eu não estava sendo negligente, que eu tinha pontos de positividade e que isso não queria dizer que não tinha os momentos de baixa, até de negatividade às vezes, que as baixas aconteciam sim e eu conseguia identificar o sentimento que me envolvia ali, percebia-o em baixa, vivia a baixa e, a partir dali, procurava caminhar à alta em pensamentos. Falei também que esses movimentos em baixa me fortaleciam, me ajudavam a conseguir me sustentar para o próximo passo, indo em direção à alta de novo. E ali eu me colocava de coração à minha avó, em referência a minha avó, e pela orientação recebida da Marli. Fiquei um pouco calada olhando e admirando vó Honorata, e ela sempre com o olhar tranquilo, de amor, a me olhar. Ela não tirava a atenção de mim. Falei:

– Vó, sinto muito por tudo que a senhora passou, e eu peço que a senhora me abençoe se eu fizer diferente.

Nesse momento a vó Honorata se levantou da cadeira e veio em minha direção, com os braços levemente levantados, esticados, e as mãos espalmadas em cima do meu corpo a me abençoar. De suas mãos saíam feixes de luz num tom lilás para o roxo, e essa luz me envolveu toda como se fosse uma fumaça, e a minha avó também envolvida por essa fumaça. Ali eu percebia toda essa energia, fechei os meus olhos, muito emocionada, as lágrimas escorrendo nos cantos de meus olhos, minha respiração muito lenta. Fui tomando consciência um pouco mais de minha respiração, fui conseguindo abrir meus olhos e vi a fumaça que ainda estava bem presente. Percebi que ela foi começando a se dissipar, a se espalhar e a clarear, até que diminuiu, e minha vó Honorata não estava mais ali comigo.

Fiquei na UTI até quarta-feira. Já no final da manhã fui encaminhada para a semi-intensiva, onde pude ter acompanhante. O Gu ficou comigo, dormimos uma noite e, no dia seguinte, recebi alta e fomos direto para casa com algumas orientações médicas. Mas tudo foi muito tranquilo, porque o exame de tomografia do crânio apresentou tudo na sua normalidade, e todos os meus sinais estavam normais também. "Que maravilha, vamos para casa!" Eu, com gratidão à minha irmã, à toda equipe que cuidou de mim, ao hospital, às orações direcionadas a mim e ao alto por o meu corpo estar normal e sem nenhuma sequela, permitindo-me voltar ao meu lar, doce lar junto a todas as pessoas que amo!

Fiquei assimilando todo o ocorrido, processando os acontecimentos, digerindo tudo a minha volta e tentando entender o que realmente tinha acontecido comigo durante esses dias. São buscas por respostas, mas percebi que nem tudo nessa Vida tem resposta para nós. Acredito que essas respostas chegam no momento certo e da melhor maneira para a nossa melhor compreensão.

# DANÇA DE RODA: MINHA CRIANÇA INTERIOR!

No dia 28 de julho de 2023, fiz uma sessão plasmática com a Mestra Val. Foi a primeira após o meu ocorrido com a medicação da quimioterapia. A sessão fiz com o envelope plasmático no local do meu nódulo, debaixo do sutiã, e logo que se iniciou, senti uma energia grande circulando em todo o meu peito, tórax, senti que toda a energia e a força do meu corpo estavam localizadas nessa região, de tal forma que não sentia o resto do corpo. Era como se meu corpo fosse somente a parte superior do meu tronco, o tórax. Essa energia/força foi se acentuando e me dando um pouco de taquicardia, que depois foi acalmando, e o movimento da energia foi acelerando e ficou na cor verde, que me envolveu e logo depois passou para a cor azul. O movimento dessa energia era como se fosse um redemoinho em alta velocidade em cima do meu tórax/peito. Foi se acalmando a energia, a cor azul ficando clara até sumir. A Mestra Val foi me chamando para retomar a consciência e, quando abri os olhos, o sono me envolveu, de modo que quase não consegui me despedir da Mestra Val, indo direto dormir. Foi um sono rápido e reparador de todas as energias necessárias para o meu equilíbrio espiritual, físico, emocional e mental.

Na quarta-feira, dia 2 de agosto de 2023, começamos outra sessão de terapia plasmática, com uma música agradável ao fundo. Fechei meus olhos e comecei a seguir as orientações da Mestra Val, na respiração, percebendo o ar que entra e o ar que sai das narinas, sua temperatura e intensidade. Nesse embalo da respiração, fui a minha criança. Eu, criança, brincando de roda, muito alegre, contente, brincando e dançando na roda com outras crianças, muito sorridente, alegre mesmo. A brincadeira de roda estava muito boa, com todas as crianças envolvidas, e eu ali estava de mãos dadas com as crianças da direita e da esquerda, e todas com semblante de pura alegria. Eu me via bailando, estávamos em um gramado muito verde e sob um céu imenso de um azul maravilhoso e contagiante. O contraste do verde da grama e do azul do céu se limitavam perfeitamente, com um sol de pura energia a nos envolver, e nós, crianças ali, brincando de roda, a bailar e em uma energia de alegria e contentamento a nos envolver na mesma vibração. Tinha hora que corríamos, brincávamos de outra coisa e voltávamos para a roda. Em círculo fechamos a roda de forma a juntar nossas mãos ao meio, bem ao centro do círculo, com movimentos de fechar e abrir, todas de mãos dadas e com uma grande alegria que contagiava. Eu estava bailando literalmente nessa roda, sentia o sol bem quente a tocar minha pele, meu cabelo, braços e pernas, um dia maravilhoso, e eu ali me desfrutando só de alegria. Às vezes eu soltava as mãos de outras crianças e dançava sozinha, bailava a me envolver nesse cenário magnífico, e os meus movimentos eram isolados em parte, e depois eu voltava para a roda onde se encontravam as outras crianças. Eram momentos individuais e em grupo. Eu me sentia leve, muito leve, e depois me senti bailar na cor lilás/roxa naquela roda com movimentos circulares à minha frente para que eu pudesse acompanhá-la. Fomos bailar juntas e, em um determinado instante, quando se fechava ao centro, ficava na cor amarela, se abria na cor lilás/roxa e se fechava na cor amarela. Era uma valsa de cores, num círculo grande se movimentando em roda na cor lilás/roxa e, à medida que ia se fechando, o círculo continuava em movimento, não parava jamais, e ficava na cor amarela. Que movimento lindo de se ver e de se admirar! Um encanto aos olhos. Em um determinado momento, começou a se alternar: quando se fechava, não era mais diretamente na cor amarela, mas sim na cor verde. Houve uma alternância de cores ao se fechar o círculo de energia daquela roda; ele abria sempre na cor lilás/roxa e ora fechava amarelo, ora verde. Ficou um espetáculo ainda maior. Que encanto aos olhos! E logo após teve uma alternância do tamanho da energia nos círculos, sendo que o grande ficou amarelo; o pequeno, lilás/roxo; o grande, verde... e assim essas cores ficaram se alternando como brincadeira de crianças, trocando os seus lugares, aumentando, diminuindo o círculo, acelerando sua velocidade, em pura alegria e contentamento, sem cansar os olhos ou dar vontade de parar. A minha vontade era ficar ali para todo o sempre bailando.

E logo percebi a Mestra Val me chamando a recuperar a consciência. Fui voltando à respiração e focando nela. Quando abri os olhos, relatei todo o ocorrido, minhas sensações, e Mestra Val me falou que, enquanto aplicava o bastão plasmático em mim, ela havia ido dançar valsa com o seu guia na época medieval, com as vestimentas e tudo o mais. Ela conversava com o seu guia enquanto dançavam, sempre repetindo que era o momento de eles dançarem, e o guia embalado na dança medieval, muito contente. Ela foi me falando o significado das cores: a cor roxa era ascensão e, dessa iluminação para cima, a cor amarela era amor e a cor verde era cura. E me escreveu os mestres relacionados a essas cores:

– Hoje dançamos ao som de valsas na chama violeta da transmutação, transformação, libertação e perdão do Mestre Saint Germain... Na luz dourada do Cristo... Na chama verde de Arcanjo Rafael de cura!"

Mestra Val me falou que aconteceria uma *live* com depoimentos e aplicação do bastão plasmático no dia 15 de agosto ("Terça Sana / Alivie Suas Dores Agora"), pelo Youtube, e me convidou, junto a outras pessoas que iriam dar os seus testemunhos também, para participar e relatar o que ocorrera comigo em minha intercorrência na nona quimioterapia. Aceitei o convite e tive uma experiência ímpar em participar e ali deixar o meu testemunho de tudo que vivi. Sou grata a Mestra Val por essa oportunidade! Namastê!

No dia 10 de agosto, fiz uma terapia de magnetismo com o terapeuta José Welington. Ele conduziu uma meditação, me pediu para prestar atenção à respiração, inspiração e expiração, de forma bem natural, e me percebi dentro de um redemoinho, igual àqueles que há em filmes, e eu rodando dentro dele. Sentia que ia me levando em suas cores azul e verde bem definidas, até que cheguei a um lugar em que havia pessoas vestidas com roupas brancas e muita luz nessa mesma cor. Um feixe de luz branca tomou o meu corpo, eu estava em pé, fiquei envolvida e, nesse lugar, senti que colocaram um xale em cima de mim. Toda a área da minha mama foi envolvida com gazes, como um curativo de pura luz branca que me embrulhava, muito branca. Logo em seguida fui colocada em uma maca, e a luz ficou amarela por cima de mim. Depois eu voltei para o redemoinho azul e verde e já fui tomando consciência da minha respiração. Ouvi o José a me chamar, mas ainda percebi muito claro o redemoinho e logo fui mexendo os meus dedos dos pés, mãos, ouvi me chamar a consciência. Minha sensação era que o corpo já tinha despertado, mas o espírito ainda não; ele estava lá no redemoinho. Quando abri os olhos e o José me perguntou o que estava sentindo, percebi minha voz devagar, em câmera lenta, em outra rotação, e à medida que fui respondendo, a voz foi ficando normal, mas muito sonolenta, e a sensação do xale me embrulhando. José, conversando comigo, falou que naquele momento havia ocorrido uma cirurgia magnética de encapsulamento do nódulo, por isso a sensação e a sonolência, e que me mantivesse aproveitando a sensação, reverberando a energia, que era muito boa, e respeitando o movimento do corpo.

# CONSULTA EXTRAORDINÁRIA, CORTINA DE VIDRO

No dia 18 de agosto de 2023, sexta-feira, às 17h30, tivemos, eu e Liliane, uma consulta extraordinária com o Dr. Rodolfo, oncologista, para conversarmos a respeito de todo o ocorrido na última medicação de quimioterapia: minhas reações, minha ida ao hospital, a permanência de alguns dias na UTI, o exame de tomografia do crânio; enfim, ajustarmos as ideias sobre o que realmente havia acontecido e o tratamento devido a essa resposta de meu organismo, se continuaria ou não continuaria o mesmo, o que mudaria ou se não mudaria nada.

A minha vontade era de parar ali todo o tratamento de medicação, as quimioterapias que ainda faltavam (três quimioterapias brancas e quatro quimioterapias vermelhas), e já seguir para a próxima etapa, que era a cirurgia com o mastologista Dr. Raphael ou, ainda, outra linha. Não queria arriscar passar mal de novo. Falei da minha insegurança para receber a medicação, enfim, abri meu coração sobre os meus medos.

Dr. Rodolfo falou que, no caso do meu tipo de câncer de mama, que é o triplo negativo, era esse tratamento mesmo, e que não poderíamos fazer um "sanduíche", fazer quimioterapia, parar, fazer cirurgia, depois voltar a fazer quimioterapia. A cirurgia se realizaria antes de se iniciarem as quimioterapias ou após o seu término, com os seus prós e contras a se avaliarem.

Como fizemos nove quimioterapias, faltariam somente três quimioterapias brancas para se completarem as dozes sessões. Realizaram-se 40% no total do protocolo e, devido a minha intercorrência, o Dr. Rodolfo considerou como se tivesse feito 50% das quimioterapias, respeitando o meu quadro e todo o ocorrido.

Na consulta, a sua conduta foi de interromper as quimioterapias brancas e fazer só uma imunoterapia (ficou marcada para o dia 7 de agosto de 2023), para encerrarmos o ciclo de quimioterapias brancas, eu ter uns dias de descanso e, após, recomeçarmos com as quimioterapias vermelhas; de início, as quatro que já haviam sido colocadas no planejamento inicial, com o meu protocolo de tratamento, antes mesmo de se iniciarem as quimioterapias.

Antes de iniciarmos a imunoterapia, o médico pediu vários exames, inclusive de imagem, para avaliar como estava o meu organismo e a situação do nódulo e para saber a resposta do meu corpo ao recebimento de medicações das quimioterapias brancas.

Foi uma consulta atenta, onde colocamos nossos – meus e da minha irmã Liliane – pontos de vista; eu, com meus sentimentos e percepções, e a Liliane, com os termos médicos, abordando o que havia acontecido comigo. Pela sua experiência e profissionalismo, eu ali, terminando a nona quimioterapia, tive um quadro hipertensivo e neurológico com todos os sinais e sintomas, os quais poderiam ter deixado sequelas. Graças a Deus não tive nenhum comprometimento, o que foi comprovado através do exame de tomografia do crânio, juntamente a um quadro alérgico. Na verdade, tive todos esses sintomas, mas não se explicou o que realmente aconteceu ao final da nona quimioterapia. Foi um quadro grave, de emergência, com tudo indicando um caminho, mas os exames não confirmaram esse caminho. Muita bênção! Então eu sou muito grata, agradeço por ter passado por tudo da melhor maneira possível.

Tenho momentos de reflexões sobre esses acontecimentos, minhas percepções, o que eu vi e senti, minha audição... Minhas experiências vividas e sentidas estão aqui marcadas comigo, e percebo que têm uma razão de ser, nada é por acaso e sempre acontece o melhor, sem dúvida, e espero que saiba tirar todo o ensinamento que preciso e caminhar no melhor caminho! A cada dia fico querendo entender melhor o que aconteceu, a cabeça quer ter o raciocínio certo, quer respostas às perguntas, o coração quer sentir e decifrar, o corpo quer entender na íntegra tudinho que se passou, mas... o processo não é nessa velocidade nem nessa querência das coisas. Não é no imediatismo que a Vida acontece e ela não se apresenta da forma como queremos. É tudo um processo de pequenos processos, de movimentos que representam algo muito maior do que estamos vendo e percebendo; é muito mais além do que conhecemos ou sabemos que conhecemos. Somos ainda uma pequena sabedoria que achamos que temos, somos a fonte do que tudo é; e aí? Estamos agindo como tal? Temos sabedoria o suficiente para agirmos melhor? São tantas perguntas que me rodeiam e que me perseguem, questionamentos... e daí com tudo isso? Chego à conclusão que ainda não tenho a capacidade de compreensão sobre tudo que me acontece e muito menos capacidade de me julgar e dar a minha sentença. Aprendi que tudo tem uma maneira certa de acontecer, tem o seu ensinamento, e cabe a mim decifrar e seguir, acreditar, confiar. Há uma força maior que nos orienta, um Deus que nos criou e cujo objetivo é nos ver feliz; há um universo que nos fortalece e nos dá o que precisamos. Estou aqui para uma missão, então bora descobri-la com muito amor no coração, paciência, resignação; bora descobrir a que vim e o que melhorar, bora conhecer que a magnitude deste planeta e sua atuação em nossos corpos e sentidos são simplesmente extraordinárias através de toda sua energia e magnetismo.

# DESCOBERTA DO MAGNÍFICO

No dia 23 de agosto de 2023, fiz um tratamento de magnetismo com o terapeuta José às 10h da manhã. Coloquei o celular para despertar às 11h porque iria dar aula para a Heidi, minha aluna, em sua casa. E assim começamos o tratamento, dormi e acordei eram 10h50. Vi que tinha ainda dez minutos e ali fiquei me observando, com atenção à minha respiração, e fui despertando para me levantar e ir trabalhar. Quando me levantei, senti umas dorzinhas na mama esquerda; eram pequenas, mas incomodavam. Fui ao meu compromisso com minha aluna, realizamos a aula, finalizamos e voltei para casa ainda sentindo a dorzinha, que passou a ser como ferroadas no local do nódulo. Almocei e fui dormir. Dormi um tempo bom e acordei com o corpo mais disposto, mas sentindo ainda a dor na mama esquerda e as ferroadas. Ora eram de forma superficial, ora profundas. Havia essa alternância de profundidade na dor. Isso me chamou atenção e fiquei em meditação e orações. No dia seguinte, tive uma consulta *online* com o José. Ele me falou que, no dia anterior, fui levada ao hospital espiritual e que foi feita a cirurgia para a retirada do nódulo que já estava encapsulado, só que, na hora da retirada, se percebeu que o nódulo estava profundo, já sem ligações laterais que se ligavam ao corpo, mas tinha a forma de um cone e não de uma quase esfera. Ele estava ainda ligado a meu corpo no finalzinho, na parte estreita do cone, e de alguma forma era ainda alimentado. Foi feito o tratamento necessário naquele momento, por isso a minha sensibilidade no local do nódulo na mama esquerda, e seria necessário que continuássemos com a terapia em seu encapsulamento para diminuir o tamanho do nódulo. José me perguntou se eu conhecia ou conheci algum militar, e respondi que não. Ele me falou que no momento do meu tratamento havia uma pessoa vestida como um militar em minha casa e que foi uma energia que dificultou de início o trabalho. A equipe espiritual primeiro fez a assistência e direcionou esse militar para se remover do local e dar início ao meu tratamento. Quando começou o meu tratamento, a minha cirurgia, chegou ao meu lado uma criança de sorriso leve e olhar feliz que me sustentou em todo o processo. Quando José me falou isso, já fui à minha criança a bailar, na brincadeira de roda, onde eu estava contente junto a outras crianças também com a mesma energia e satisfação, na terapia plasmática. Teve uma criança que, durante a brincadeira de roda, me chamou muito a atenção, pois sorria para mim de forma diferente de outras crianças ali. Ela era um destaque aos meus olhos, e quando José falou que tinha uma criança ao meu lado, já me veio essa imagem da criança na roda. José também relatou que se percebeu em meu lar a energia do medo querendo me envolver, então era para reforçar as orações, manter o evangelho no lar, pensamentos elevados e conversas edificantes para a minha própria sustentação e sustentação do ambiente, do lar e de todas as pessoas que ali adentrassem, as quais, ao saírem, pudessem sair fortalecidas.

Conversei com a Carol e o Gugu a respeito do medo e do que estávamos carregando em nossos corações, para tentarmos identificar e virar a chave, afinal, continuaríamos com o tratamento, com as quimioterapias vermelhas, e não podíamos deixar que o medo e a insegurança tomassem espaço. Momento delicado e de muita atenção ao processo, pois era um processo que envolvia todos a minha volta em diferentes graus de intensidade, e tínhamos que dar continuidade no caminho da cura.

Manter pensamentos elevados, positivos, salutares nem sempre é fácil. Os pensamentos tomam sua posição e se fortalecem ali. Eles tentam, mas somos nós que permitimos ou não a sua instalação, sejam pensamentos positivos ou negativos. E será que no fundo queremos isso mesmo? Porque manter pensamentos positivos exige esforço, dá trabalho, exige mudança vibracional. É cômodo deixar os pensamentos negativos tomarem conta, pois ficamos em nossa zona de conforto. Ou é por nossa falta de força e de conhecimento que deixamos acontecerem os pensamentos?

Entender o processo de atrair o negativo ou o positivo, não conseguir sustentar o que se quer, saber na teoria, mas, na hora da prática, tudo mudar de figura... é tudo possível. É a energia que nos circula que manda na hora. Ter a consciência dessa energia não é fácil, e muito menos ensinar como se melhora.

Sei que manter uma energia boa a minha volta e sustentá-la não é simples, faz parte de processos, de pequenos processos, várias vezes ao dia, à noite, que, a cada respiração, é preciso se observar e prestar muita atenção a como seu corpo reage e como seus pensamentos se organizam para enfrentá-los; autopercepção, auto-organização, e aqui também entram o autoperdão e o autoamor, que são fundamentais para todo esse processo de cura. São exercícios diários de manter o pensamento elevado e, a cada pensamento não muito elevado, ou ruim mesmo, trocar por dois pensamentos elevados em potência de força e de coragem. É assim que começa a mudança; a energia vibra de forma melhor e harmônica e com condições de se manter na mesma sintonia. Devagar começa a força de pensamentos e, do outro lado, do pensamento negativo, perde a força e começa a não se sustentar, porque não encontrou terreno favorável ao seu plantio. Parece complicado, mas é simples, é só observar e querer colocar em prática a mudança dentro de si e, assim, mudar a faixa de pensamentos e energias a sua volta.

O sono, para mim, além de refazer as energias necessárias para o outro dia, sempre foi uma terapia de equilíbrio do meu corpo emocional. Se tenho algum problema, algum incômodo, me vem um sono profundo que, acredito, me restabelece a energia e organiza minhas ideias e pensamentos para o melhor agir.

O sono durante as minhas quimioterapias, para mim, funciona assim: minhas células se organizam para se manterem lentas, com o metabolismo reduzido, bem baixo, e dessa forma economizam energia para se manterem em atividade, atividade celular quase zero, na dormência, eu diria; com isso, não captam nem absorvem os remédios da quimioterapia. Sinto um mecanismo de proteção de minhas células; elas o desenvolveram e, acredito que através de meus desejos e vontades, se organizaram para dessa forma ficarem protegidas para não trazerem para si a medicação que não distingue célula ruim de célula boa. A medicação da quimioterapia é detonadora, é jogada na corrente sanguínea de forma aceleradora e, ali, corre para pegar todas as células, sem saber qual está ou não no processo de adoecimento. E com esse comportamento de minhas celulazinhas lindas e maravilhosas, percebo que as células cancerígenas ganham espaço: elas estão ali o tempo todo a comer e comer ainda mais tudo que puderem para se reproduzirem; cada vez mais rápidas e aceleradas, como são por natureza própria. E na hora da medicação, quando é conectado o cateter e a medicação começa a ser administrada, as células boas estão em seu estado de dormência (euzinha em sono profundo), e as células doentes, com câncer, estão ali desesperadas para comer e comer o tempo todo. Elas nem se preocupam com o que vão se alimentar, assim, pegam ainda mais a medicação por estarem em plena atividade celular, enquanto as outras células se protegem em partes da medicação que não chega a elas devido às suas atividades metabólicas no momento; elas estão dormindo e fazem a dona dormir também. Esse exercício com minhas células ocorre por meio do jejum intermitente que minha irmã Eliane me ensinou, criando o hábito de doze horas de jejum; faço à noite, antes de dormir, e depois de doze horas me alimento, no outro dia.

É uma bênção que recebo e pela qual sou muito grata, por todo o meu metabolismo se organizar e se comportar dessa maneira. Trata-se de uma conclusão minha, de minha percepção e de minhas conversas íntimas com as minhas próprias células. Sou eu!

# PORTAS ESCANCARADAS AO INVISÍVEL

O que é neutropenia?

Segundo a OMS, a neutropenia consiste na redução da contagem de neutrófilos (principal defesa do corpo) no sangue, provocando aumento no risco e na gravidade de infecções causadas por bactérias e fungos. Os sintomas focais da infecção podem ser silenciosos, mas a febre surge durante as infecções mais sérias.

A gravidade da neutropenia está relacionada ao risco relativo de infecção, sendo classificada como:

*Leve: 1.000 a 1.500/mcl

*Moderada: 500 a 1.000/mcl

*Grave: < 500/mcl

Obs.: Se a contagem cair para < 200/mcl, a resposta inflamatória pode ser atenuada e pode não haver achados inflamatórios habituais de leucocitose.

A neutropenia aguda grave (por exemplo, em pacientes com câncer) prejudica significativamente o sistema imunitário e pode propiciar infecções rapidamente fatais.

O Dr. Rodolfo avaliou os resultados dos exames pedidos e constatou que o nódulo teve uma diminuição do tamanho inicial, reduzindo em 50% seu tamanho. Uma conquista maravilhosa! Meu organismo estava respondendo muito bem a toda medicação administrada. Segui o seu planejamento de considerar as nove quimioterapias como 100% de iniciar as quimioterapias vermelhas planejadas, que seriam quatro.

No dia 28 de agosto de 2023, fiz a primeira quimioterapia vermelha, antecedida pela consulta com o Dr. Rodolfo, com resultados de exames já realizados e orientações de que acompanhasse a temperatura corporal três vezes ao dia e, diante de algum desconforto, febre ou qualquer outro sinal, fosse direto ao pronto-socorro. Da mesma forma como foram realizadas as quimioterapias brancas, seguimos o protocolo. Algumas medicações que tomei nas quimioterapias brancas eram diferentes nas quimioterapias vermelhas. Ficou planejado administrar as seguintes medicações: Onicit, Decadron, Polaramine, Cimetidina, Fauldoxo, Genuxal e Keytruda.

Fiz a crioterapia também, bem agasalhada, com todos os cuidados de costume. O meu sintoma, assim que tomo o comprimido Polaramine, é o sono. Ele chega e toma conta, então começa o processo do meu organismo de defesa das células saudáveis e ataque às células cancerígenas. Vou na confiança, na fé e na certeza de que o melhor está acontecendo, e a Lili, minha irmã, me acompanhando ao meu lado, sempre.

Terminei a medicação, fomos para casa, o sono da mesma forma, tomando conta. Cheguei em casa, almocei com os olhos pesados, custei a abrir um pouco, o suficiente mesmo para ver à minha frente, e fui dormir logo após o almoço. Acordei por volta das 21h. Acordei disposta, como se tivesse dormido a noite toda, o corpo animado querendo se mexer. A minha sensação era de que a cabeça queria dormir e o corpo queria se movimentar; nunca tinha experimentado tal sensação. O que já havia acontecido comigo era o corpo querer descansar e a mente querer pensar, sem parar sua atividade cerebral, e nunca o contrário. Deitei-me e fiquei quietinha para ver se o corpo acalmava e dormia. Mas quem disse que ele aquietava? Então fui procurar alguma atividade para o meu corpo, porém uma atividade de silêncio, afinal, os meninos estavam dormindo. Fui para a sala, coloquei na televisão um filme, baixinho, e fui passar roupas. E assim foi a madrugada toda. Desperta, animada, amanheceu, fui para minhas atividades do dia: trabalho, organização da casa, levar a mamãe ao supermercado, fazer as compras... Passei o dia em meus afazeres normais, a rotina sem alteração, e à noite tinha aula de dança. Eu e o Marcos, meu namorado, fazemos aula de dança de salão uma vez por semana, é muito bom. O Marcos gosta de dançar e eu adoro, então é perfeito. Costumamos falar que é a nossa terapia de casal, o nosso momento único, de muito companheirismo e entrosamento. E após a aula, ao chegar em casa, aí sim o corpo pede para descansar. Depois de vinte quatro horas no ar, vou dormir. Os outros dias seguem na normalidade: durante o dia, atividades rotineiras; à noite, descanso. Eu durmo.

Uma observação em relação ao meu xixi: ele fica fluorescente após a medicação da quimioterapia. Chamo a Carolzinha para olhar. Imagina a filha olhando e avaliando o xixi da mãe; pois o que acontece é nós mães olharmos como estão o xixi e o cocô de nossos filhos quando são pequenos. E quando a Carolzinha olha o meu xixi, me fala:

– Mãe, será que brilha no escuro?

Aí são só risadas, e vamos que vamos avaliando. Segundo o médico, pode acontecer.

A sexta-feira, dia 8 de setembro de 2023, foi um dia normal. Fiz minhas atividades profissionais, a rotina em casa, os afazeres com os filhos e a medição da temperatura três vezes ao dia para o acompanhamento orientado, sempre passando os resultados para minha irmã. Ia tudo certinho, em sua plena ordem.

Havia combinado com o Marcos de à noite jogarmos *beach tennis* no clube, e por volta das 18h fiz minha alimentação; a hidratação é o dia todo e continua enquanto estou acordada. Me arrumei; roupa, raquete, bolinhas e a mochila com tudo que precisava para depois tomar banho e aproveitar a música ao vivo que o clube proporciona toda sexta-feira para os seus sócios. É um ambiente muito agradável e familiar.

Já pronta, me sentei no sofá da sala e, com janela um pouco aberta, entrou um ventinho; senti um frio de arrepiar (coloco "ventinho" porque era pouco vento, nada de intensidade). Fiquei atenta ao meu corpo e percebi que a reação não foi boa. Em seguida peguei o termômetro e fui medir a minha temperatura. Para minha surpresa, estava com febre!! O termômetro marcou 38,2 °C, então tomei um antitérmico e liguei para minha irmã. Ela me falou para ir ao pronto-socorro, falar que era paciente oncológica e em tratamento de quimioterapia. Liguei para o Marcos, falei da temperatura e que tinha que ir ao hospital; ele veio, me pegou e fomos direto ao pronto-socorro do mesmo hospital a que fui na intercorrência (UTI), onde faço as consultas com o mastologista, onde faço todos os meus exames e que também é da mesma instituição em que faço as medicações de quimioterapia, portanto, teria o meu prontuário com toda a minha trajetória e história até ali. Ficaria bem mais fácil o acompanhamento.

Cheguei ao pronto-socorro, falei que era paciente oncológica e que tive febre. Fiz a ficha rapidinho (convênio), logo já me encaminharam para a triagem. Fui recepcionada pela enfermeira, que me fez perguntas, aferiu minha pressão cardíaca, colocou o oxímetro, mediu minha temperatura e já me encaminhou para o corredor do hospital no pronto-socorro. O Marcos não pôde entrar comigo, ficou do lado de fora, e ficamos nos comunicando pelo celular, WhatsApp. Avisei Carol, Gu, mamãe, papai o que estava se passando, dei notícias, e a Lili já estava me monitorando.

Ali no corredor do pronto-socorro, eu observava todo o movimento, que era grande, e não me chamavam. Dormi na cadeira, acordei, o mesmo movimento. Perguntei para a enfermeira quantas pessoas tinham ainda à minha frente e ela me falou que eram seis. Já havia um bom tempo que estava ali esperando. Eu estava com fome e a minha vontade era sair do hospital, comer e depois voltar. Eu, em minha inocência, acreditava que poderia fazer isso; sabia que quando retornasse ao hospital entraria novamente na ordem de chegada, mas pelo menos estaria sem fome. Falei isso para o Marcos, que me apoiou, queria me atender em minha necessidade. Então conversei por ligação telefônica com minha irmã Lili e levei bronca: não poderia sair do hospital, pois logo seria atendida, era para ter paciência e aguardar; se o problema era fome, ela iria me levar comida, um macarrão sem glúten. Mais que depressa aceitei, mas logo em seguida fui chamada para a consulta com o médico. Expliquei o ocorrido: que era paciente oncológica, fazia tratamento de quimioterapia e havia tido febre. O médico pediu exames de sangue e de urina, e assim que estivessem prontos, com os resultados, ele iria me chamar. Enquanto isso a enfermeira me encaminhou para a realização desses exames. Foi coletado o material e fiquei aguardando os resultados ficarem prontos. Nesse tempo Lili chegou; me avisou por telefone que estava no estacionamento, que não podia entrar com comida no pronto-socorro. Assim que ela me avisou que chegou, o médico saiu da sala, mas eu o chamei mais que depressa e perguntei se poderia comer alguma coisa, pois estava com fome, e expliquei a situação. Como minha irmã já estava no estacionamento do pronto-socorro com comida para mim, ele permitiu que eu saísse, comesse e retornasse bem rápido, e explicou a situação para o segurança da portaria. Eu iria sair e logo voltaria, e assim fui comer o macarrão dentro do carro da minha irmã, que, por sinal, estava muito brava comigo, com o semblante bem fechado por eu querer sair do pronto-socorro. Onde já se viu essa circunstância?! Eu ali em uma situação de saber a razão da febre e querendo sair para comer e depois voltar. Nem pensar! E nessa saída, encontrei o Marcos e o Gustavo, que havia chegado e ficou fazendo companhia para o meu namorado do lado de fora do pronto-socorro. Foi ótimo vê-los. Comi o macarrão, que estava uma delícia! Agradeci a minha irmã e a minha sobrinha Nandinha, que estava dirigindo o carro. Eu, quando fico com fome, sinto que vou desfalecer, como se fosse uma hipoglicemia; vou perdendo as forças, minhas pernas ficam leves e, se não comer, tenho a impressão de que vou sumir, então tenho que comer a tempo para não esperar acontecer alguma coisa. Sempre que me dá fome, como de imediato; nunca passei mal e esperei para ver o que aconteceria se não comesse. Esse sintoma de a fome vir e ter que comer rapidinho começou a acontecer depois que fiz algumas sessões de quimioterapia. Estou bem atenta a essa questão. Comi tudo, me despedi de todos ali, retornei para dentro do pronto-socorro e fiquei aguardando mais um pouco até o médico me chamar a sua sala já com os resultados dos exames em mãos.

Este foi resultado do exame de sangue, hemograma:

Nome: Elaine Camargo Felix Figueira de Mello  
Dr (a).: RAFAEL SENA ROSA  
Código: 318-66725-868  
Atend: 08/09/2023 - 22:33:15  
Nasc: 10/11/1968  
Posto: UMC - PRONTO ATENDIMENTO  
Qtdade Exames/Impressos: 12/ 1   Pagina (s)1/1

## HEMOGRAMA
Material: Sangue  
Método: Contagem automatizada por Citometria de fluxo

| Eritrograma | Valores encontrados | | Valores de referência Idade (Maior de 16 anos (Feminino)) | | |
|---|---|---|---|---|---|
| Hemácias | 3,73 | milhões/mm3 | 4,3 | a | 5,0 |
| Hemoglobina | 11,4 | g/dl | 12,0 | a | 15,5 |
| Hematócrito | 34,1 | % | 35,0 | a | 45,0 |
| V.C.M | 91,4 | fl | 81,0 | a | 95,0 |
| H.C.M | 30,6 | pg | 26,0 | a | 34,0 |
| C.H.C.M | 33,4 | g/dl | 31,0 | a | 36,0 |
| RDW | 12,4 | % | 12,0 | a | 15,0 |

| Leucograma | Valores encontrados | | Valores de referência | | |
|---|---|---|---|---|---|
|  | % | /mm3 |  | /mm3 | |
| Leucócitos |  | 480 | 3.500 | a | 10.500 |
| Blastos | 0 | 0 | 0 | | |
| Promielócitos | 0 | 0 | 0 | | |
| Mielócitos | 0 | 0 | 0 | | |
| Neutrófilos | 8 | 39 | Até 8.840 | | |
| Metamielócitos | 0 | 0 | 0 | | |
| Bastonetes | 1 | 5 | Até 840 | | |
| Segmentados | 7 | 34 | 1.700 | a | 8.000 |
| Eosinófilos | 4 | 19 | 50 | a | 500 |
| Basófilos | 2 | 10 | Até 100 | | |
| Linfócitos Típicos | 73 | 350 | 900 | a | 2.900 /mm3 |
| Linfócitos Atípicos | 0 | 0 | 0 | | |
| Monócitos | 13 | 62 | 300 | a | 900 |

| | | | | |
|---|---|---|---|---|
| Plaquetas | 75.000 | /mm3 | 135.000 a 450.000 | |
| VPM | 10,60 | fl | 7,7 a 11,2 | |

Caracteres Morfológicos  
Série Vermelha: Hemácias normocíticas e normocrômicas.  
Série Branca: Pancitopenia.  
Linfócitos sem atipia.  
Neutrófilos bem conservados.

Data/Hora Coleta: 08/09/2023 - 23:22:14   Data/Hora Liberação: 09/09/2023 - 23:58:51

Dr. Paulo Cesar Alves de Souza CRF: 5710 Conferencia e assinatura eletronicas  
ASSINATURA DIGITAL

RT: Paulo Cesar Alves de Souza - CRF: MG 5710   CRF-9402

Os valores dos testes de laboratório sofrem influência de estados fisiológicos, patológicos, uso de medicamentos, dentre outros fatores. Somente o seu médico possui condições de interpretar corretamente esses resultados.

RUA MACHADO DE ASSIS, 137 - FONE: (34) 2102-3600 - UBERLÂNDIA - MG. - Consulte: www.labormed.net.br  
Alvará sanitário: 31291/18/511

Esse foi o resultado com os neutrófilos 39 e os leucócitos 480. O médico colocou em negrito para a minha melhor visualização. No início deste capítulo, coloquei os números dos neutrófilos com a tabela de análise e informei que abaixo de 200 já se corria risco de morte, e agora, com 39, o risco de desenvolver uma infecção era enorme. Como o meu organismo nesse instante não tinha defesa nenhuma, os glóbulos brancos é que seriam responsáveis por essa defesa, mas estavam quase zero; o meu estado era grave, muito grave. Morreria caso alguma bactéria resolvesse se deslocar dentro do meu corpo, quisesse passear, se alojar em um outro lugar e ali proliferar. E aí? Só que eu ainda não tinha consciência da gravidade, porque estava bem. O problema que tinha era a fome, o que antes dos exames havia sido resolvido; comi e fiquei bem. Acreditava que iria tomar um remédio ali mesmo ou o médico iria receitar uma medicação e, assim, iria direto para casa, mas não. O médico conversou comigo sobre a gravidade e disse que iria me internar, aplicar medicação intravenosa para os neutrófilos melhorarem suas taxas e só depois teria condições para ir para casa; o tempo de internação seria de uns cinco dias. A situação era grave mesmo!

Eu não sentia a gravidade da situação por perceber meu corpo bem; não sentia fraqueza, estava disposta, mas acatei a decisão médica e comuniquei aos familiares. A Carolzinha foi em casa, pegou roupas para o Gugu e para mim também, produtos de higiene, e entregou para o meu filho. Ele ficou comigo nessa primeira noite no hospital. Carolzinha e Marcos se despediram e foram embora. Gu ficou comigo ainda no pronto-socorro, e ali mesmo comecei a tomar a medicação na veia enquanto aguardava a liberação do convênio médico para o quarto. Eu, mais uma vez, ali no hospital! Na madrugada fomos para o quarto/suíte. Era bem espaçoso, tinha armário, TV, frigobar; nos acomodamos bem, eu na cama e o Gu no sofá que vira cama. Ali fiquei sendo monitorada e já tinha vindo do pronto-socorro recebendo a medicação. Fomos dormir, e de tempos em tempos entrava a enfermeira para me dar medicação oral, medir temperatura, aferir pressão e verificar a medicação intravenosa. Acordávamos e, assim que saíam, voltávamos a dormir. Dessa forma passamos o resto da madrugada.

Estava recebendo medicação: antibiótico de 8 em 8 horas, remédio antifúngico e um remédio subcutâneo para melhorar o meu organismo. O meu corpo estava buscando o equilíbrio novamente. Com todos esses cuidados que estava seguindo a cada dia, com perspectiva de melhoras a cada medicação, estava empenhada no hospital em fazer a minha parte. Como a fisioterapia acontecia todos os dias, duas vezes ao dia, uma na parte da manhã e outra na parte da tarde, fazíamos uma pequena caminhada, bem devagar, nos corredores do andar do hospital onde me encontrava. Retornávamos ao quarto e fazia alguns exercícios localizados, executando-os bem devagar, pois não tinha muito fôlego para essa prática, mas sabia de sua importância para a minha recuperação. Assim estava sendo a minha rotina no hospital.

Tinha sempre comigo um acompanhante: começou com o Gu, já no dia do pronto-socorro, depois veio a Carol, a minha irmã, o Marcos e a Cumádi (minha amiga Elaine; somos xarás, nos conhecemos no ensino fundamental, temos essa amizade maravilhosa tem um tempinho já e somos "cumádis"). E assim foram se alternando os acompanhantes durante o dia e a noite.

Fiz uma tomografia e o resultado foi infecção urinária, pneumonia e pedras nos rins. Eu fazia exames de sangue em dias alternados. Quando o médico chegou ao quarto para passar os resultados dos exames, o Gu estava comigo, e estávamos atentos ao ouvir o médico. Quando ele começou a falar o resultado de infecção urinária, pneumonia e pedras nos rins, o Gu perguntou se aquele exame era realmente o meu, pois até dias atrás não tinha tido nenhum sintoma e nunca havia recebido nenhum desses três diagnósticos. Foi uma surpresa só. O médico, diante dessa pergunta, até se certificou, olhou o nome, fez conferência e nos falou que eram meus mesmo todos aqueles resultados e que por isso tomava toda aquela medicação, para combater a neutropenia. Nos falou da rotina no hospital, medicação/exames/fisioterapia/alimentação e visita do médico ao quarto, e que, qualquer coisa, era só relatar às enfermeiras que logo seria informado ao médico plantonista.

Quando ele falou dos resultados dos exames, eu fiquei espantada com os resultados. Em pouco tempo havia adquirido doenças difíceis de se cuidar. Já tinha ouvido falar de pneumonia, de infecção de urina e de pedras nos rins, e sabia o quanto era demorado para se curar, pois há pessoas que saram e voltam novamente a ter as doenças. Tomava muita água, então, como fiquei com pedras nos rins e infecção? Pensava: "Como assim essa infecção de urina e essa pneumonia? De onde veio tudo isso?" Era consequência da neutropenia. Olha só o que o organismo apronta quando não tem defesa; bagunça toda a estrutura e desequilibra o sistema por completo. Mas se estava com esses três diagnósticos já detectados e internada no hospital com toda a infraestrutura e acompanhamento necessário para a minha cura, faria a minha parte e continuaria, mesmo no hospital, com as minhas práticas de meditação, elevação dos pensamentos, o BioFAO alinhado... e vamos que vamos, a cada dia o seu cuidado e a cada dia um pouco. O meu lema: Hoje ser melhor que ontem!

A alimentação precisou ser adequada por eu ser celíaca. Pedi muitas frutas e grãos. A nutricionista esteve no quarto para essa adequação. Muuuita água; em média três garrafinhas de 500 ml por período. Até a enfermeira ficou na dúvida se era eu mesma que tomava toda aquela água que chegava ao quarto. Eu tinha que pedir, porque o sistema do hospital era uma garrafinha a cada período para o paciente. E assim fomos passando os dias, as noites, fazendo exames de sangue, tomando remédios, enfermeiras aferindo pressão, medindo temperatura, verificando o oxímetro… seguindo o tratamento de forma obediente.

No sábado, por volta das 14h30, ouvi uma música no saxofone; só instrumental, não tinha voz. Identifiquei: era a música *Faz um milagre em mim*, de Régis Danese. Olha que presente eu recebi. Achei que era até serenata para mim em plena tarde, hein?! A letra é muito bonita:

> "[…]
> Entra na minha casa
> Entra na minha Vida
> Mexe com minha estrutura
> Sara todas as feridas
> Me ensina a ter santidade
> […]
>
> Faz um milagre em mim."

Era um presente mesmo eu, ali, ter a oportunidade de escutar essa música. Fiquei muito emocionada, as lágrimas escorriam no meu rosto, muita emoção. Tinha como um bálsamo naquele momento, o coração agradecia e se sentia confortado. Fiquei mais tranquila ainda na certeza de que tudo estava ocorrendo da melhor maneira possível. Nada era por acaso: eu estar ali e, também, escutando aquela música; tudo estava na programação de Deus. Segui adiante na confiança da fé e do amor sempre a minha volta, na minha Vida; bastava eu acreditar e seguir confiante. E assim segui.

No dia seguinte, domingo, fiz novo exame de hemograma e, também, teste de covid, continuando com todas as medicações. O resultado do teste de covid deu negativo, graças a Deus, e as taxas do hemograma melhoravam a cada exame realizado. Eram progressos a cada dia; estava em ótima evolução!

Nesse dia, o Marcos ficou comigo no período da tarde. Quando ele chegou, foi a troca do plantão com o Gu. A Carol dormia comigo toda as noites e o Gu vinha logo cedo; assim era o esquema. Foi ótimo o Marcos ficar comigo no hospital.

No outro dia, segunda-feira, quem fez a troca do plantão com o Gu foi a minha irmã Lili. Logo que o Gu saiu, a Lili foi dar uma organizada no quarto; guardou as roupas no armário, descartou os copos usados, esticou minha cama, colocou o quarto em ordem, deixando tudo arrumado, sem coisas fora do lugar, e falou:

– Padrão de arrumação da Kiki! – Kiki é o apelido carinhoso que a Carol colocou na tia Liliane quando era pequena, e ficou.

Lili trouxe um lanchinho gostoso e um suco muito saboroso e encorpado. Mais no meio da tarde, a Flavinha chegou e ficou um pouco também; foi muito bom. A Lili ficou até a Carolzinha chegar para o plantão noturno, e ao chegar no quarto, percebeu a arrumação.

Na manhã seguinte, quando o Gu chegou e a Carol foi trabalhar, ficamos conversando e falei do padrão de arrumação da Kiki, que esteve comigo no dia anterior. Conversamos no sentido da organização do quarto e do bem-estar do paciente, que no caso ali era eu. Conversamos, tomamos café juntos, fiz fisioterapia... a fisioterapeuta achou o Gu muito bonito, ficou fã dele e foi muitas vezes ao meu quarto no decorrer dos dias. Logo em seguida, fui tomar banho. Nesse dia foi um banho um pouco mais demorado, pois lavei a cabeça, e os cabelos exigem mais tempo. Quando saí do banheiro, que ficava no início do quarto, e entrei no quarto, vi o ambiente todo organizado, arrumado, sem nada fora do lugar. Minha cama estava esticada e, para minha surpresa, um cachorrinho feito de toalha estava em cima dela, igual fazem alguns hotéis para receber seus hóspedes. Os olhinhos do cachorro eram as tampinhas das garrafas de água. Ficou show, um charme, um presente para mim. E o Gu falou:

– Padrão de arrumação Gustavo!

Olha só o meu presente:

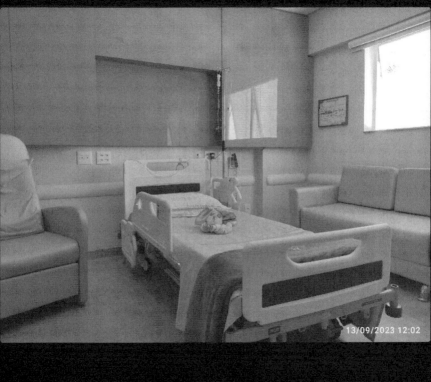

Aí foi só contentamento. Tirei foto e enviei para a família contando do presente que recebi. Só alegria! Quebrou a rotina do quarto no hospital. Logo em seguida, o médico veio me ver para saber como eu estava passando e viu o cachorrinho em cima da cama. Ele achou que a enfermeira tinha feito, e falei que não, que foi o presente do meu filho quando saí do banho. Elogiou. Após as conversas, o médico me falou que eu iria tomar uma injeção subcutânea com agulha de insulina, fininha, todos os dias, para ajudar na minha imunidade, ativação direto na medula. Tomaria cinco injeções dessas diariamente, começando naquele dia. A enfermeira iria aplicar no braço, um pouco atrás, ou na barriga, onde achasse melhor.

Na terça-feira, no período da tarde, quem fez a troca do plantão com o Gu na hora do almoço foi a Cumádi. Ela passou a tarde comigo, levou um lanchinho muito gostoso, saboroso, e durante sua visita, sua filha Júlia foi me ver. Júlia trabalha nesse hospital; foi ótimo! Ficamos um pouco nós três juntas e conversando. Foi rápida a visita da Júlia, afinal, estava em seu horário de trabalho e queria saber como eu estava sendo tratada.

No dia 13 de setembro de 2023, por volta das 10h, o Rogélio me enviou mensagens perguntando como eu estava passando. Ele não sabia que eu estava internada com neutropenia. Contei e, conversando com ele, de imediato me enviou um áudio:

– Você consegue antes do almoço imaginar luz pra cacete chegando ao peito, ao corpo inteiro, descendo pelos pés, cabeça, pelos braços? Porque eu vou começar a fazer o trabalho daqui, tá?! Vamos embora, aproveita bastante, menina, aproveita que a conexão está sendo feita. Algo de muito bacana está chegando por aí.

Deixei o celular de lado, no silencioso, e assim já me posicionei. Eu estava nesse momento sentada na cadeira reclinável e confortável que tinha no quarto. Apoiei bem minhas costas no encosto da cadeira, que não estava reclinada, e na posição ereta, com os pés apoiados no chão, meus braços ao lado do meu corpo, palmas das mãos para cima, fechei meus olhos e comecei a prestar atenção à minha respiração, ao ar que entrava na inspiração e que saía na expiração, assim elevando e ficando mais leve. Imaginei a luz vindo ao meu encontro na altura do meu peito e tomando conta de todo o meu corpo, mas rapidinho já mudou toda configuração. Começaram a chegar para mim assim, de cima para baixo, em direção ao meu peito, do mais alto, como se fossem luzes piscando, como se fosse pisca-alerta; acendia uma e apagava outra, em camadas horizontais e entrando no meu corpo.

Tinham formas essas luzes, formas de retângulos, uns na horizontal, outros na vertical. E elas vinham também por camadas, entrando no meu corpo e ao redor todo dele. E cores, vinham cores: amarela, laranja, passava pela cor vermelha, ia para a cor lilás e roxa, e essas camadas de luzes piscando. Era muito maravilhoso de ver, de se sentir, e foram tomando todo o meu corpo. Me deu uma sensação de leveza, e eu não me sentia mais sentada ali na poltrona, eu me via em pé; e essas camadas de luzes estavam entrando ao redor de todo o meu corpo, de cima, de baixo e de todos os lados, frente e trás. Que sensação maravilhosa! Muito lindo de se sentir e muito magnífico. A sensação era de muita leveza no meu corpo, como se eu estivesse flutuando com toda essa camada de luzes à minha volta. Foi tudo muito rápido, e quando percebi, já não tinham mais luzes e muito menos as camadas. Eu estava sentada na cadeira e percebi que, quando me sentei, meus pés formigaram e entraram dois Gigantes, em miniatura, um em cada pé, pisando forte e pegando alguma coisa dentro do meu corpo. Não sei relatar o que era, só sei que pegavam e pisavam forte, muito forte, e depois pegavam com as mãos e jogavam para fora do meu corpo. Isso que os gigantes jogavam para fora do meu corpo ia direto para a cachoeira. Eles subiam muito rápido, um em cada perna, fazendo todo esse movimento de pisar muito, pegar e jogar fora, então fui perceber que pegavam minhas células doentes, as inflamadas. Eu vi que eram celulazinhas que estavam avermelhadas e sem forma. Eles pisavam nessas celulazinhas até elas ficarem sem cor; a cor sumia e, nesse momento, eles jogavam fora e elas caíam na cachoeira, na parte de sua queda. Assim foi o trajeto até chegar à minha bexiga, onde eles entraram e se demoraram fazendo o mesmo procedimento que fizeram ao subir em minhas pernas. Na bexiga estava a infecção. Eles pisavam muito forte e estavam arrancando mesmo, jogavam fora com força do meu corpo, e tiraram muitas celulazinhas de minha bexiga. Teve uma em que um precisou ajudar o outro na sua remoção, pois estava tão forte essa celulazinha, que não queria ser arrancada. Ela deu trabalho para os meus Gigantes em miniatura dentro do meu corpo, mas os dois conseguiram, venceram a tal celulazinha, que se achava forte e imbatível. Prosseguiram em marcha e foram na direção do estômago, barriga, tórax, coração, e foram com tudo para o pulmão, entraram fortes e começaram o mesmo movimento que haviam feito na bexiga. Da mesma forma, pisavam forte na celulazinha até ela perder a cor, e jogavam fora do meu corpo em direção à cachoeira. Começaram na parte de baixo do pulmão e foram subindo com esse movimento todo. Ali no pulmão estava a pneumonia instalada, e os Gigantes fizeram esse movimento um em cada pulmão e na mesma velocidade. Começaram e terminaram juntos e dali foram para os meus braços, chegaram até as mãos e voltaram rapidamente. Chegando à minha cabeça, saiu uma luz, e eles voltaram ao meu ombro, um de cada lado. Nesse instante essa luz me envolveu como um véu descendo e cobrindo todo o meu corpo de forma tranquila e asserenando as minhas percepções. Muito lindo de se sentir!

Quando terminou, o Rogélio me enviou mensagem perguntando como eu estava, e contei a minha percepção acima. Ele me enviou o seguinte áudio:

– Eu sei, nossa, foi tão gigantesco o que aconteceu aqui, gigantesco mesmo. Caramba, saí zonzo do processo kkkk… Que legal, que legal! Pode me chamar mais vezes, fique à vontade. Quando sentir necessidade e vontade, chama o Rogélio aqui. Firmeza, menina, firmeza. Estou daqui e, no que eu puder, estamos juntos.

Sou grata, Rogélio, por tudo, por essa experiência sem palavras, e fico aproveitando toda essa energia maravilhosa que me envolve e me sustenta.

No final da tarde, senti que meus olhos ficaram um pouco mais fechados, e parecia que eu tinha uma lente cor-de-rosa. Fiquei a observar de um lado, olhava para outro lado, e essa lente acompanhava o meu olhar na cor rosa. A minha sensação era que estava usando óculos escuros e que a tonalidade da lente era rosa. Teve uma hora que fui ao banheiro fazer xixi, sentei-me no vaso e fiquei olhando para o chão enquanto o xixi saía, e no chão comecei a ver umas flores, como se tivesse um desenho no chão, e com os meus olhos um pouco fechados, comecei a firmar o olhar e vi que foram se espalhando essas flores pelo chão. De repente se abriu um rio entre as flores, um riacho com águas límpidas, muito claras; via as pedras em seu fundo e a água em um movimento calmo, devagar a correnteza, e às suas margens muitas flores, um colorido em flores e de muitas variedades, misturadas com o verde. Era uma imagem tão linda e tão real que fiquei em dúvida de como eu iria sair dali, porque o riacho se abriu a meus pés e eu observava as suas margens; era tão real e maravilhoso que eu ouvia até o barulho da água corrente. Fui firmando os olhos para tentar ver melhor e a imagem foi sumindo, o riacho foi se fechando, as flores desaparecendo, voltando o processo da forma que se iniciou, até que se fechou, vi o chão e me localizei ali sentada no vaso. Me levantei, fiz o que tinha que fazer no banheiro e saí com uma sensação ainda da imagem tão real.

O Gu estava deitado no sofá, assistindo TV, e fui contar a ele dessa minha vivência. Ele me escutou e achou muito legal o que eu havia presenciado.

Quando terminei de contar, percebi ao redor de minha cama, em toda a sua volta, pontinhos cintilantes e bem coloridos com fundo escuro, com uma camada de quatro dedos de espessura mais ou menos; acredito ser a energia toda ao redor de minha cama. Levei o meu olhar ao meu filho, o Gu, que estava deitado no sofá, e vi os pontinhos cintilantes, bem coloridos e com o fundo escuro, da mesma forma que estava ao redor de minha cama, dentro de seu corpo. Em movimentos suaves e harmônicos, voltava o olhar a minha cama e via a camada de energia em movimento; olhava para o Gu de novo, e a energia dentro de seu corpo. Fiquei nesse olhar seguindo a energia. Que sensação boa, tranquila e suave. Me deitei, fechei os olhos, fui prestando atenção à minha respiração, fui agradecendo mentalmente e fui embalada pelo sono.

No dia seguinte, fiquei pensando nessa minha experiência, da lente rosa, do riacho e da energia em minha cama e dentro do Gu. Relatei-a ao Rogélio, que respondeu:

– Quando se faz um trabalho, ele não termina. Quando encerramos, ele fica ali e bem forte, fica reverberando a energia, e continua, não para. O que você viu é real à sua volta, e é tão bonito que tenha acontecido com você. Estou muito feliz por você enxergar à sua volta. Muito legal!

No dia 14 de setembro, quinta-feira, recebi alta, pois a taxa dos neutrófilos havia subido bastante, para 6900, quase 7000. Fomos para casa com algumas medicações, inclusive a injeção para aplicação diária. Ficou combinado de a Carol me aplicar, além de algumas recomendações.

A médica Dr. Carolina, infectologista, que me acompanhou durante esses dias todos internada no hospital, me passou também alguns medicamentos para a pneumonia e pediu que retornasse a seu consultório para novos exames e avaliações.

Ao sair do hospital, deixei com cada funcionário que me auxiliou nesses dias de internação a seguinte frase, que escrevi e entreguei a cada um quando vieram ao meu quarto:

> "Aqueles que passam por nós,
> Não vão sós,
> Não nos deixam sós.
> Deixam um pouco de si,
> E levam um pouco de nós!"
>
> *O Pequeno Príncipe*

Foi um agradecimento aos cuidados recebidos por esses dias que lá fiquei, o coração em festa.

Recebi a recomendação de ficar uma semana em casa, de repouso, e depois reiniciar com as quimioterapias vermelhas.

Nesse período, continuei com os meus tratamentos: BioFAO, acupuntura, tratamento espiritual, tratamento de magnetismo, terapia de plasma, yoga, meditação, terapia do *OM*, crochê, observação da minha respiração e seguindo em frente com otimismo e determinação.

# FEMINILIDADE EM BUSCA DA FORÇA COM CORAGEM!

Já no hospital, o meu cabelo estava caindo muito. Percebi os meus fios no chão; penteava e ficavam muitos fios no pente. Quando cheguei em casa, não foi diferente. Eu sabia que um dia iria chegar essa questão da queda de cabelo. Até que eu estava indo muito bem, pois fiz nove quimioterapias brancas com a touca da crioterapia, o que sustentou os fios de cabelo todos nesse período. Com a primeira quimioterapia vermelha e com a baixa dos neutrófilos, internação e mais medicamentos, os meus cabelos não estavam mais conseguindo se sustentar.

Quando acordei de manhã, o meu travesseiro estava cheio de fios de cabelo. É muito ruim ver seu cabelo se desprendendo do seu couro cabeludo, é triste. Fui percebendo que a cada amanhecer aumentava ainda mais a quantidade de fios ali no meu travesseiro. O domingo foi um dia de muita tristeza ao acordar e ver o meu travesseiro. Chorei muito. É horrível a sensação de perda, pois é uma perda incontrolável, é um pedaço de você que está se soltando de seu corpo sem a sua permissão. Sabia que naquele momento não tinha o controle; era o corpo respondendo às medicações. Sabia desde o início que o cabelo iria cair, mas com a realização da touca (crioterapia), essa preocupação foi adiada. Eu tinha plena consciência disso e deixei para pensar no cabelo quando chegasse a hora. E, para meu pânico, a hora chegou.

Os médicos Dr. Rodolfo (oncologista) e Dr. Raphael (mastologista) me falaram desde as primeiras consultas que o cabelo iria cair, sim, mas, do mesmo jeito que caía, nascia, e que não era para eu dar importância a isso. Devíamos focar nas medicações e no sucesso do tratamento.

Na segunda-feira estive presente em uma sessão com a psicóloga. Foi minha primeira sessão. A instituição onde faço o tratamento com as medicações de quimioterapia oferece sessões psicológicas, como também com outros profissionais multidisciplinares para ajudar em toda a sustentação de que o paciente necessite.

Cheguei à sala com a psicóloga Paula, que me recebeu com um sorriso, com carinho e muito acolhimento, me deixando à vontade. Ela me perguntou o que me levava lá naquele dia e o que gostaria de conversar, me perguntou sobre o meu tratamento, sobre como estava indo todo o processo da medicação, quais desconfortos tive... Foi uma conversa muito agradável, e fui relatando todos os ocorridos até chegarmos à pauta que me levou ali: a questão do cabelo. Conversamos muito sobre o que representa o cabelo, a identidade, sobre as fases do tratamento de câncer de mama, dos seus efeitos colaterais, os sintomas e tudo o que envolve a doença, me deixando bem claro o processo que envolve a perda dos fios de cabelo. Saí de lá um pouquinho confortada; na verdade, confesso, quase nada confortada, mas me senti melhor por ter conversado com alguém que me falou das fases, do lado bom e do lado ruim e de suas consequências.

Ao sair de lá, entrei em contato com a Renata, amiga minha que passou por um câncer de leucemia e ficou sem cabelo, assumiu a careca e ficou linda. Conversei com ela por telefone assim que cheguei em casa. Ficamos um bom tempo conversando, e uma das coisas que ela me disse ficou bem gravada: "Você saberá o momento certo e, na hora certa, irá raspar, e quando raspar, você estará assumindo o diagnóstico de câncer de mama para todas as pessoas à sua volta, pois é como se estivesse escrito em sua testa: tenho câncer de mama. As pessoas irão se assustar, olhares irão penetrar. E aí? Como vai ser? Está preparada para enfrentar os olhares, os comentários? Ou vai querer ficar sofrendo toda vez que vir seu cabelo cair? Vai pensando em como você quer estar e tomará a decisão na hora certa."

Foi ótima a conversa com a Renata, esclarecedora, de coração para coração.

Sei que a queda de cabelo é um efeito colateral do câncer de mama, sei que a crioterapia me ajudou em seu congelamento dos folículos capilares e sei também que o BioFAO contribuiu bastante para todo esse processo chegar o mais tarde possível, mas ele chegou. Os fios caindo sem sua permissão... é muito difícil ver uma parte de você indo embora. Isso mexe com a autoestima, sim, sem dúvida, abala, sem contar que é um momento muito marcante para nós mulheres. Para mim estava sendo muito dolorido, chorava toda vez que pensava que iria cair tudo e que ficaria careca. Era uma dor difícil até de relatar. O cabelo representa para nós, mulheres, a feminilidade, a moldura do rosto; é um complemento que nos embeleza e nos dá a opção de variarmos em tons e penteados, ajuda em nossa autoestima, sem dúvida, e faz parte da nossa imagem corporal.

Perder o cabelo era sentir que a doença do câncer de mama estava sendo concretizada e que estava acontecendo comigo, era assumir a doença para mim e para todas as pessoas em meu convívio e à minha volta em todos os seus aspectos. O câncer de mama é uma desconstrução da autoimagem com a perda do cabelo e a retirada da mama, seja parcial ou total. Costuma gerar sentimentos de tristeza, frustração, ansiedade, angústia e medo mesmo no enfrentamento da doença, tanto no aspecto físico como em aspectos psicológicos e sociais. É preciso saber lidar e administrar a fragilidade emocional, pois não é somente uma questão de estética, mas de identidade, de autoestima, de segurança e de reconhecimento da própria imagem, desmistificando todas as crenças mais comuns. É um processo dolorido e de muita coragem que exige um comportamento maduro que, às vezes, nós mulheres não temos. E, confesso, fui buscar esse amadurecimento.

Tive que me colocar frente a frente ao espelho e ali ter um papo sério comigo mesma, de mulher para mulher, nós duas, eu e euzinha, olho no olho. Uma reunião, sabe?! Falar ali os meus medos, as minhas aflições, os meus receios, pontuar a falta de coragem que naquele momento estava presente, ir ao fundo do coração, sem preconceito e sem julgamentos próprios. Fiz um momento meu e muito único. Foi um tempo que me dediquei sabendo de sua importância nos passos seguintes e no enfrentamento da doença. Da mesma forma que coloquei palavras duras ali no espelho para mim, depois coloquei o amor, o autoamor, me amparei, me consolei, me aceitei e, o melhor, me permiti ser a mulher que sou, me encorajei, me sustentei em meus desejos e sonhos, me fortaleci em meu caminho de luz. Eu sou luz, eu tenho luz e irradio luz, então, o que temer? O que me importava era estar de bem comigo mesma, era ir a cada dia o seu passo e saber que tudo passa. O mais importante era somente o passar pelo processo. Fiquei melhor, com o coração mais calmo e tranquilo.

Na terça-feira, quando acordei, foi um terror, pois a minha fronha é branca e nunca havia visto tanto fio de cabelo no travesseiro. Foi desesperador, e ali peguei todos os fios, enrolei-os, e eles formaram uma bola de cabelo. Joguei esse monte de cabelo no lixo do banheiro, que ficou cheio. Naquele momento senti a necessidade de ação e decidi entrar em contato com a minha cabeleireira Kelly. Liguei, conversei e falei de toda a situação. Ela se prontificou a raspar o meu cabelo na hora que eu quisesse. Ficou combinado após alguns dias, devido a sua agenda. Tomei meu café, fiz minhas meditações, orações, yoga e me sentei no sofá para fazer crochê. Assistia a um filme e crochetava (estava fazendo uma bolsa para rifar), até que, em um determinado momento, percebi em meu braço um tufo de cabelo. Caiu suavemente um tanto bom, considerável e grande de cabelos, que ficou em meu braço. Na mesma hora levei a minha mão ao couro cabeludo e, na minha percepção, nas pontas dos meus dedos percebi a careca. Estava liso o couro cabeludo. Fui ao espelho e vi o espaço que deixou aquele tufo de cabelo que caiu, que para mim era um espaço grande. Triste? Muito triste, mas a tristeza ali não se demorou e se transformou em coragem, em decisão de raspar a cabeça. Liguei novamente para a Kelly, relatei o que tinha acabado de acontecer, e ela, na mesma hora, me deu a opção de ir a seu salão no final da tarde, ao término do seu expediente. Ficaríamos somente nós duas presentes nesse momento de raspar a cabeça no salão. Aceitei e combinamos que ela me avisaria o horário certinho para eu poder ir.

Conversei com o Gu a respeito, na hora do almoço, e ele me falou que era para deixar para raspar na sexta-feira, que assim ele estaria presente, pois queria estar junto nesse momento. O Marcos estava nesse dia viajando; fez uma viagem a trabalho e retornaria na quarta-feira. Falei para a Carol do meu desejo, dos meus contatos e dos meus planos, mas ela tinha naquele dia um encontro com suas amigas durante a tarde, então combinamos que, assim que a Kelly me ligasse, eu falaria com ela e iríamos juntas ao salão. E assim foi.

No final da tarde daquela terça-feira, dia 19 de setembro de 2023, estávamos eu, Carol e a Kelly ali em um momento único e de muita emoção. Já no período da tarde, quando esperava o telefonema da Kelly, só de pensar que iria raspar os cabelos e ficar careca, já vinha o choro. Eu chorava, deixava as lágrimas escorrerem pelo meu rosto, sentia e percebia o que me tocava naquele momento de sentimentos e me envolvia de muita luz. Procurei com muito amor me acolher e me permitir essa nova etapa que, a meu ver, é mais uma etapa de superação e de determinação. Foi uma tarde de fortalecimento, de emoções e de decisões, marcante em todo o meu processo de cura.

Naquele momento ali, no salão da cabeleireira Kelly, eu, sentada em frente ao espelho, a Carol do meu lado esquerdo e a Kelly atrás de mim, começamos todo o processo de cortar os cabelos e depois raspar. Assim a Kelly foi conversando comigo sobre como seria: cortar primeiro na tesoura, ir deixando mais curto o cabelo, depois ir com a máquina para raspar de uma vez tudo. Enquanto a Kelly conversava comigo, Carolzinha estava ao telefone com o Gugu, que estava em Goiânia, onde faz faculdade de medicina. Ele estava em plena aula de ambulatório e não poderia parar para poder acompanhar ao vivo, através de vídeo, o corte do meu cabelo até raspar. Ficou combinado que à noite nos falaríamos.

Então começou o corte do cabelo. A Kelly, muito amorosa, é minha cabeleireira há décadas. Ela cuida de meus cabelos, faz luzes... meu cabelo foi sempre de elogios por sua tonalidade. Temos histórias a contar, relatos e um companheirismo de amizade. Ali não estava minha cabeleireira, estava minha amiga que, por sinal, é a minha cabeleireira. Quando ela começou a cortar o meu cabelo, sempre conversando comigo, eu me lembrei daquela novela em que a atriz está com câncer, fazendo tratamento de quimioterapia, e vai cortar o cabelo porque começaram as alopecias, então o cabeleireiro começa a cortar o cabelo e a atriz chora, as lágrimas descem incessantemente, copiosamente. Foi uma cena muito emocionante e marcante para mim naquela época. Imagina hoje?! Eu nem imaginava que um dia iria refazer a cena de novela. É tanta emoção junta que não tenho como descrever. Nesse momento resolvi só sentir e passar por mais esse processo. Ocorreram algumas boas lágrimas.

Terminou, estava careca. Agradeci à Kelly através de um longo abraço, coloquei um chapéu que havia levado e fomos embora. Em casa, já fui me percebendo e me conhecendo, um novo olhar para mim mesma, um novo conhecer e perceber, uma nova Elaine ali surgia, renascia uma nova mulher, e me senti mais confiante, senti que a minha determinação de raspar os cabelos foi a melhor decisão, o melhor caminho a escolher, e comecei a me ver mais fortalecida e confiante. Confesso que, quando me olhava no espelho, me assustava com a minha imagem. Por instantes me reconhecia como a Elaine de forma diferente, com uma imagem nova que precisava ser assimilada. Falava para mim mesma que isso tudo também iria passar, que iríamos firmes no processo do passar. Já havia passado por duas intercorrências e estava ali, me olhando no espelho. Era ali que se encontrava a sabedoria. Bora? Eu e euzinha juntas sempre!

À noite conversei com o Gu. Fizemos chamada de vídeo, eu e Carol, conversamos, contei como foi o raspar o cabelo, falei do meu sentimento e que fiz o que tinha que ser feito. Estava melhor um pouco. Gu falou que queria ter acompanhado ao vivo, mas não havia conseguido sair da aula e que em pensamento estava presente. Na quinta-feira chegaria à noite e iríamos nos encontrar. Também na quinta-feira a Carol iria se encontrar com suas amigas de escola, do ensino médio, para começar a comemorar seu aniversário, que seria no dia 25 próximo.

Na quarta-feira, o Marcos chegou de viagem e iríamos nos encontrar, mas ele chegou cansado e não nos encontramos, nos falamos somente por telefone. Não contei a ele que tinha raspado o cabelo, que estava careca; quis fazer surpresa e deixei para o próximo dia. Combinamos que iríamos nos encontrar e buscar o Gu e a Nathy, sua namorada, que estavam vindo juntos de Goiânia em viagem.

Durante a quarta-feira, conversei com a mamãe, com a Liliane por telefone, contei sobre como foi o raspar o cabelo e que estava ainda processando todo o ocorrido, estava ainda digerindo. Ficar careca é uma decisão difícil de se tomar e tem suas consequências também. O couro cabeludo doí quando encosta no travesseiro, dá umas ferroadas. Coloquei um tecido de seda em cima do travesseiro para ver se ajudava no contato, mas ajudou um pouco somente. A primeira noite foi difícil, durante o dia pois se batia um vento, sentia arrepiar e doer. A sensibilidade ainda era grande, e a qualquer estímulo tinha uma reação. Aos poucos me acostumaria a essa sensibilidade e nova realidade; tinha consciência.

A quinta-feira foi um dia de costume em minhas atividades dentro de casa. Não queria sair ainda, nem cheguei perto da janela aberta ou fechada. Precisava me autoafirmar para aparecer para as pessoas e em público. Era um outro passo, de muita importância também, me assumir doente. Declararia que tinha câncer de mama. Eu sabia disso tudo na teoria, mas agora era a prática, era colocar a prova do conhecimento da situação; um outro processo que, me falo com frequência, também passa. Elevei os meus pensamentos, pedi ajuda para os meus Gigantes, ao meu espírito protetor, aos que me auxiliavam nesse caminho; elevei a fronte, imaginei Jesus à minha frente, sempre a me proteger, e fui com fé (com medo também, mas fui com medo mesmo). Era uma construção de novos valores e até de novas crenças. Eram várias situações que iam surgindo e exigindo comportamentos diferentes do habitual, do de costume, do dia a dia; era sair da minha zona de conforto.

A única escolha era fazer diferente, porque a circunstância exigia somente a mudança. Era complexo e ao mesmo tempo simples, exigia um tempinho; era mudar a chave e me assumir!

No decorrer da tarde combinei certinho com o Marcos para irmos buscar o Gu e a Nathy, que chegariam de viagem no início da noite. Pedi que chegasse mais cedo para conversarmos, ele contar como foi a viagem e eu, como tinham sido esses meus dias enquanto viajava. Assim ficou combinado. Nessa oportunidade ele iria me ver; seria a surpresa. Contaria como foi o meu processo de decisão de raspar o cabelo, conversaríamos em meu apartamento e depois sairíamos para buscar o casal de Goiânia. Só que aconteceu um imprevisto e o Marcos não veio antes para conversarmos, como o combinado. Ele chegou em cima da hora para buscarmos Gu e Nathy e não subiu, pediu pra que eu descesse, que me pegaria na porta do meu prédio, e assim fiz. Quando cheguei perto do carro e abri a porta, ele se assustou. Eu estava vestindo um macacão preto tomara que caia e um lenço na cabeça. Foi a primeira vez que estava saindo de casa e procurei na *internet* uma forma de amarrar o lenço. Gostei de mim e de como fiquei.

Me achei linda! O lenço deu um pouco de trabalho para sair desse jeito. Vi várias vezes o vídeo no Youtube que ensinava o passo a passo. Fiquei contente comigo mesma. O lenço, confesso, também incomodava um pouco em contato com o couro cabeludo, mas tudo bem, tolerar também faz parte, e estava bem para sair de casa, pronta para enfrentar e encarar os olhares e as pessoas a minha volta, decidida a ser a Elaine com o diagnóstico de câncer de mama. Me vi luz e me senti forte.

Chegamos ao local onde chegaria o ônibus em que o Gu e a Nathy estavam e ficamos esperando um pouco dentro do carro conversando. Logo que o ônibus chegou, eu e o Marcos descemos do carro e ficamos a uma distância considerável da porta do ônibus vendo todos que desciam. Em um certo momento desceu a Nathy, que da porta do ônibus me acenou e se virou para o ônibus olhando para o Gu, que estava descendo a escada com a cabeça baixa e de boné vermelho. Percebi que a Nathy falou para ele onde eu estava e eles foram andando em direção ao final do ônibus para pegar as malas. Nesse caminhar deles, percebi que o Gu estava careca; vi pela nuca que não tinha cabelo, aí me emocionei, segurei a respiração, a emoção tomou conta e os meus olhos se encheram de água. Quanta emoção! Eles pegaram as malas e vieram em nossa direção. Chegando mais perto, o Gu tirou o boné, aí a emoção tomou conta mesmo. Nos abraçamos, choramos... que companheirismo ali se manifestou; mesmo de longe, foi parceiro meu filho.

Entramos no carro e ele me contou como foi: sua intenção era raspar no mesmo momento em que eu estava na Kelly raspando; seria por vídeo, e a Carolzinha iria administrar a minha imagem com a imagem do Gu, eu aqui e ele lá em Goiânia. Ao mesmo tempo, ficaríamos carecas juntos. Eu fico a imaginar... Mas como não foi possível dessa forma devido à aula no ambulatório (que iria terminar mais cedo, mas acabou se estendendo), ele combinou com a namorada de ela raspar os seus cabelos. Isso ocorreu antes da viagem, e no carro fomos conversando sobre a sensação de cada um ao raspar. O Gu já havia raspado a cabeça quando passou no vestibular, então não era tão novidade, mas o motivo agora era outro e a emoção nem se fala.

Fomos para um bar onde a Carol estava com suas amigas comemorando o seu níver antecipadamente, e quando chegamos, o Gu me falou:

– Mãe, vamos assumir a careca? Estamos juntos! – E tirou o boné.

Me senti bem, forte, capaz de tirar o lenço e ficar igual ao Gu. Estávamos carecas! Atravessamos a rua e participamos da comemoração do níver de Carolzinha. Foi muito bom.

No sábado comemoramos o níver de Carolzinha na casa de minha irmã. Kiki ofereceu de fazermos lá em sua casa e reunirmos a família. Foi o primeiro momento em que todos me viram careca e, também, viram o Gu. Acredito que não foi muito chocante devido ao Gu também estar sem cabelo. Deu uma força tamanha aos olhares das pessoas, pois não era somente eu, havia mais um careca. E assim passamos a noite em comemorações. Foi muito agradável. Celebramos a Vida no níver de Carolzinha.

Um companheiro, meu filho Gu. Como me fortaleceu, me sustentou, me encorajou, me protegeu e me mostrou que não estava sozinha em todo esse processo de tratamento!

Eu não estava sozinha mesmo e nunca estive. Desde o primeiro exame, que foi a mamografia, estive com todos da minha família à minha volta: os meus filhos sempre ali, minha mãe, meu pai, a Sissi, a Lili, minha irmã, o Marcos, meu namorado, os sobrinhos e sobrinhas, Flavinha, Eliane, Fernando César, Rô, minhas amigas, meus amigos, alunas, aluno, conhecidos, enfim... há pessoas que não sei ainda, mas que me ajudaram de alguma forma. Sou muito grata a todos vocês e a toda equipe médica e de apoio que me assistiram, que me direcionaram, que me proporcionaram uma segurança e que, de alguma forma, me ajudaram e me deram condições de me sustentar, passo a passo, nesse caminho turbulento, de dor, de medo e de muitas incertezas. Foi através de cada vontade, de cada um, de cada oração, de cada energia e de cada pensamento dirigido e encaminhado a mim que tive força em cada amanhecer, em cada intercorrência que me chegou, e assim fiquei fortalecida, fiquei confiante em todo o processo de minha cura. Agradeço por todo o carinho, neste ponto em que me encontro de tratamento!

# CONCLUSÃO INEVITÁVEL

No dia 25 de setembro de 2023, fiz a segunda quimioterapia vermelha. Não fiz a touca de crioterapia, pois não tinha cabelos mais para fazê-la. Como foi maravilhosa a oportunidade de poder fazer a touca, que presentão recebi! Obrigada, Li e Flavinha, por me proporcionarem um tempo maior com cabelos; acredito que isso me ajudou por demais a sustentar o emocional nessa questão. Foi um tempo em que não me preocupei com os cabelos e sim com toda sistemática que o tratamento exige e suas intercorrências. No tempo certo, o cabelo caiu, com certeza no meu melhor tempo, de forma que eu estava mais preparada e em condições de passar por mais esse obstáculo, fortalecida para todo o processo.

Acredito muito que tudo que eu fiz foi devagar me ajudando, e tenho consciência que foi se juntando em cada ação, se formando uma base, permitindo uma estrutura mais resistente de forma a sustentar todo processo novo que chegava. Me sentia fortalecida e capaz de enfrentar os desafios. Sei que nada é fácil. O meu corpo estava em uma guerra interior de sobrevivência, de reorganização de suas estruturas, células, órgãos e tudo o mais que está dentro dele, e isso contando também com todo o emocional que precisa ser cuidado com carinho, respeito e muita dedicação. Conseguia toda essa funcionalidade graças a tudo que estava fazendo. Estava usando todas as ferramentas que me são dadas, presenteadas, e estava sendo capaz de aproveitar ao máximo cada uma. Sei que às vezes não conseguia 100%, mas, na minha consciência, se conseguia aproveitar um mínimo que fosse, 50%, 30% ou 10%, já era muito bom, era lucro. À medida que ia fazendo esses exercícios de aproveitamento de todas as ferramentas que chegavam até mim, ia me capacitando para cada vez aproveitar ainda mais, e essa porcentagem com certeza aumentaria. Olha que maravilhoso! Ia dando condições ao meu organismo de se fortalecer e caminhar melhor. Eram ações pequenas que sempre, o tempo todo, formavam a base de toda estrutura, em qualquer processo. Assim ficava mais forte!

Na consulta que antecedeu a segunda quimioterapia vermelha, Dr. Rodolfo avaliou através dos exames que as taxas estavam ainda um pouco baixas e receitou cinco injeções de medicamento para aumentar a imunidade, as quais levaria para casa. Era a mesma medicação que tomei enquanto estava no hospital, e terminei de tomá-las em casa. Com 80% das medicações da quimioterapia, houve um pouco de redução em cada medicamento e, por isso, não recebi o medicamento Polaramine; acreditava ser ele o responsável pelo meu sono. A minha irmã Lili estava ali comigo, minha companheira, sempre atenta a tudo, e quando começava a medicação, olha o sono chegando, a língua relaxando, ocupando maior espaço dentro da boca, os olhos ficando pesados e... dormia. Percebia que, com a medicação da quimioterapia vermelha, o meu sono era mais profundo e me exigia mais esforço quando queria pedir alguma coisa. Percebia tudo a minha volta, a outra paciente e seu acompanhante (em cada quarto são duas cadeiras de tratamento, e cada paciente tem direito a um acompanhante), as conversas, perguntavam para a Lili se eu estava bem; muitos ficavam preocupados por me ver na cadeira dormindo, simplesmente apagada. Eu sabia quando se trocava a medicação; sempre a enfermeira chegava, conferia o meu nome e a data de nascimento na medicação que iria ser administrada. Elas pediam para a Liliane conferir os dados, e eu escutava a fala dela dizendo que estavam corretos. De tempos em tempos, ela me tocava no ombro me perguntando se estava tudo bem, se era somente o sono mesmo, e percebia que, para responder à Lili, tinha que subir muito, tinha que fazer um esforço maior para poder respondê-la. Por isso falo que estava mais ainda nas profundezas, pois sentia que fazia uma grande força de deslocamento por me sentir muito embaixo. E depois desse esforço, que demorava um pouquinho, respondia com a fala baixa e bem devagar que estava bem. Percebia toda a movimentação do quarto tanto para mim como para a outra paciente; dava notícias de tudo depois que acordava e despertava.

Fizemos a medicação, tudo na sua normalidade, e ao término da medicação, nos entregaram uma caixa de isopor com as cinco injeções para ajudar na imunidade. A Carolzinha que fez todas as aplicações diárias em mim. Era uma picadinha por dia, dias consecutivos. Precisávamos estimular as células da medula a se fortalecerem e seguirmos juntinhas rumo ao término do tratamento; já estava na reta final das quimioterapias vermelhas.

O meu sintoma nas medicações das quimioterapias vermelhas continuava sendo o sono profundo. Chegava em casa, dormia e ia acordar por volta das 19h, fazia algumas coisas, como comer, tomar banho, assistir TV, filme ou série... e percebia que ia chegando a hora de dormir e o corpo nada de querer. A minha sensação era que o corpo estava a todo vapor, queria movimento, queria atividade, e a minha mente queria dormir, queria sossego, queria descansar. Nunca havia tido essa sensação com o meu corpo; o que já havia acontecido comigo era de o corpo estar cansado e a mente pensando e querendo resolver problemas, mas nunca o contrário. Era muito estranho. Resolvia me deitar, tentava, mas o corpo não se aquietava para a mente dormir, então levantava e ia procurar fazer coisas em casa, até que desenvolvi o hábito de passar roupa. Colocava a tábua de passar roupa na sala, ligava a TV, colocava em um filme ou série que gostava e, enquanto passava as roupas, ficava assistindo à TV. Isso acontecia de madrugada, ia a madrugada toda, ficava acesa. Enquanto Carol e Gu dormiam, eu ficava ali na sala, ouvindo a TV baixinho e fazendo alguma atividade da casa. Na maioria das madrugadas, foi mesmo passar roupa, mas também fazia crochê, um pouco, porque o corpo não queria ficar parado por muito tempo. E dessa forma, passada a madrugada, chegava o dia, passava o dia e eu ia dormir somente na noite de terça-feira, após 24 horas, ou até mais, ligada.

Foram assim as minhas medicações de quimioterapia vermelha. O organismo reagiu no alerta depois do sono profundo durante a medicação. Fui me adequando ao que fazer de madrugada e encarei como algo temporário; aceitei e concordei com o comportamento do meu organismo. Fazia a medicação na segunda-feira na parte da manhã, dormia, tinha um sono profundo, acabava a medicação, ia para casa e dormia à tarde, e no início da noite, despertava e ia dormir novamente somente no outro dia, isto é, na terça-feira à noite. Assim ocorreu nas quatro quimioterapias vermelhas, e depois o sono voltou à sua normalidade, graças a Deus! Foi mais um processo que passou!

No dia 5 de outubro, realizei exame de laboratório, de sangue, para avaliar os neutrófilos que estavam ainda baixos, por volta de 600. Dr. Rodolfo solicitou ao convênio as injeções para aumentar a imunidade. Seriam, dessa vez, três injeções, só que o convênio não liberou porque já havia liberado para a próxima quimioterapia que aconteceria no dia 16 de outubro e que tomaria por mais cinco dias seguidos. Então Dr. Rodolfo me recomendou continuar em repouso, cuidar da alimentação, intensificá-la, e tomei a cada dia, duas vezes ao dia, o *Impact*, que é um suplemento hospitalar composto por substâncias naturais e é prescrito pelo médico.

No dia 12 de outubro, realizei outro exame de sangue, o hemograma. O laboratório veio à minha casa (já estava vindo nos exames anteriores devido à minha necessidade de não sair de casa por causa da baixa imunidade) para colher o material (sangue) para a realização do exame. Saiu o resultado e os neutrófilos haviam subido bem, por volta de 2100. Dessa forma, teria condições de realizar a próxima quimioterapia, que aconteceria no dia 16 de outubro.

Nas medicações de quimioterapias vermelhas, Dr. Rodolfo fez alguns ajustes nas quantidades, acrescentando magnésio e cálcio. Isso me ajudou em alguns sintomas novos que apareceram, como faixas escuras, roxas, nas minhas unhas, tanto nas da mão como nas do pé.

As quimioterapias vermelhas aconteciam com vinte e um dias de intervalo, e nesse período ficava de repouso com cuidados na alimentação e continuava fazendo todos os meus tratamentos paralelos que desde o início vinha realizando. Tenho a certeza de que contribuíam para a minha força e me sustentavam nesse processo.

A quimioterapia do dia 16 foi da mesma forma. Assim que começava a medicação, vinha o sono profundo, minha irmã atenta, ia para casa, dormia e ficava acordada durante a noite, dormindo só no outro dia à noite, sempre atenta às taxas dos neutrófilos com exames periódicos. E assim caminhamos para a última quimioterapia vermelha, que aconteceria no dia 6 de novembro de 2023.

Nessa última quimioterapia, levei para todas as pessoas que me acompanharam um bombom Ouro Branco (Carolzinha que comprou para mim) com a seguinte mensagem:

> "Aqueles que passam por nós,
> Não vão sós,
> Não nos deixam sós.
> Deixam um pouco de si,
> E levam um pouco de nós!"
>
> O Pequeno Príncipe

Era a mesma mensagem que entreguei quando estive no hospital. Entreguei a cada um que encontrei na instituição de medicações desde a entrada, consulta até a quimioterapia em agradecimento a cada cuidado comigo ali.

Durante a consulta que antecedeu a última quimioterapia, Dr. Rodolfo passou alguns exames a fazer: de sangue, para fazer no dia 17, ressonância magnética e tomografia, no dia 23, mamografia, dia 24, e consulta com o mastologista Dr. Raphael no dia 1º de dezembro. Falou que o tratamento ainda continuava e que, após passar pelo mastologista e fazer a cirurgia, teria que realizar nove imunoterapias, voltando a ele, sendo que a quimioterapia acabaria ali, naquele dia mesmo. Agradeci por todos os cuidados até o momento e falei que seguiria forte para essa próxima etapa. Saímos da sala e fomos em direção à enfermagem para receber a última quimioterapia numa alegria só.

Assim que comecei a tomar a medicação, a Lili ficou conversando comigo, falando do processo, que era a última quimioterapia. Percebi que ela estava querendo me manter atenta, conversando, e de repente me vi na cadeira reclinável em que tomava a medicação. Percebia o quarto – estávamos sozinhas pelo menos até esse instante – e vi a Lili sentada na cadeira me olhando; ela estava com um livro aberto em seu colo. Em seguida já voltei para a cadeira e vi uma luz na cor amarela que veio em direção ao meu chacra do plexo solar. Senti que estava me nutrindo e se espalhava em todo o meu corpo, da cabeça aos pés; uma sensação muito boa e tranquila. Logo percebi ao longe, à minha frente, um pontinho de luz que começou a se aproximar. Era um movimento até rápido, e quando chegou mais perto, vi que a cor da luz era lilás/roxa. Na hora que chegou em cima de mim, como uma nuvem, ela caiu e se espalhou em meu corpo. Esse movimento aconteceu várias vezes, repetidamente, e a cor lilás/roxa tomava todo meu corpo. Também me vi na cachoeira com essa nuvem lilás/roxa que, quando se espalhava em todo o meu corpo, era totalmente puxada pela cachoeira que a jogava no mar e caía em um buraco que havia no meio das águas. Ela foi sugada e, logo em seguida, o buraco se fechou. A minha sensação era de muita leveza e contentamento. Na minha percepção, naquele momento foi feita uma limpeza total dentro do meu corpo. A cachoeira puxou os resíduos da limpeza e entregou para o mar jogar fora, bem nas profundezas, onde ninguém teria acesso ou poderia encontrar.

Encerrei o tratamento de quimioterapias com chave de ouro, como o bombom Ouro Branco que a Carolzinha comprou para mim. O coração estava muito feliz por encerrar uma etapa que me fez refletir diante de todas as intercorrências e acontecimentos, que me proporcionou vitórias, superação e crescimento diante do medo, da dor e de saber de toda incerteza no processo. Tive confiança, fé e amor a mim mesma, acreditei que tudo isso passaria, como passou mesmo, e eu ali, vitoriosa, nesse caminho de história que se fez, que deixou aprendizados para serem levados por toda Vida!!!

Sou mais uma vez muuuuuuuuito GRATA!! Que Deus me abençoe, continue e abençoe a cada um que recebeu o meu sorriso em gratidão a seus cuidados!

> "Vivemos com o que recebemos,
> Mas marcamos a vida com o que damos."
>
> *Winston Churchill*

Continuo em casa com os tratamentos: BioFAO (acontece toda vez que a Lili percebe que estou precisando, de acordo com seu diagnóstico e avaliação), acupuntura, tratamento de magnetismo, tratamento espiritual, meditações, yoga, atenta à alimentação e à atividade física, a qual diminuiu muuuito devido à fraqueza do corpo, à fadiga muscular, mas tento a caminhada.

Quando consigo fazer caminhada no parque, percebo que melhora a condição do corpo físico, emocional, mental e espiritual. No parque resgato minhas energias, faço uma troca ali com a natureza, deixo as minhas, que precisam ser recicladas, e pego energias novas, puras em força e intensidades, abraço árvore, peço que suas raízes puxem com toda sua força todas as energias que estão contribuindo com minha escassez, que seus galhos (lá mais pertinho do céu azul, num azul magnífico) e folhas possam recolher do alto a melhor das energias e trazer até a mim no seu trajeto, pois estou ali grudadinha no seu tronco pronta para receber. Ali faço essa troca maravilhosa e confesso que fico animada, disposta e renovada por alguns dias.

Vou ao parque às vezes sozinha, para a minha meditação. Adoro! Às vezes vou na companhia do Marcos, da minha filha Carolzinha ou com uma amiga. O parque sempre foi e continuará sendo a minha melhor terapia; saio outra pessoa. É muito nítida para mim a troca de energias que executo com a natureza; é maravilhosa essa conexão. Ali faço minhas orações, falo os meus mantras, converso, questiono, reclamo e agradeço. Por sinal tenho mais coisas a agradecer do que reclamar. Ser grata é um exercício da gratidão. Por mais que estejam ruins as coisas à nossa volta, sempre, mas sempre mesmo, tem algo de muito bom ali conosco, só que, pela nossa pequenez e falta de atenção, não percebemos o bom e só damos atenção ao ruim que no momento está se manifestando.

Não dê valor ao que não merece o nosso olhar, o nosso tempo. Tudo passa, e o mais importante é saber passar, com muito amor e com respeito ao acontecimento, e nunca ao julgamento presente.

# MOMENTO DE CELEBRAR A VIDA, SEMPRE!

Adoro comemorar o meu aniversário, que é no dia 10 de novembro. Sempre gostei e não poderia ser diferente dessa vez. Foi uma comemoração diferente devido ao meu estado, e principalmente por eu estar careca. Não gosto muito de ficar à vista, pois uma mulher careca chama atenção e sei que o diagnóstico de câncer de mama fica escrito na testa.

Então o meu aniversário foi na casa de minha irmã Lili, e estávamos nós, da família. Foi até uma surpresa para mim, porque, quando chegamos, tinha uma mesa linda com docinhos, bolo sem glúten que a mamãe fez, uma delícia, e tudo o que tinha direito, com bexigas decoradas e com o meu nome escrito no tom azul e dourado, muito bonitas; me chamaram atenção quando entrei e as vi. Estávamos: eu, Marcos, Carolzinha, Gugu, mamãe, Lili, Flavinha, Lipe, Isa, Fabinho, Geovanna, Nandinha, Rosa e os doguinhos Luna, Hulk e Nina (Nina faz aniversário junto comigo).

Ali me viram careca. Estava com um turbante azul, lindo, presente de Carolzinha, e também o Gu estava careca. Celebramos a Vida! O meu aniversário, o aniversário do Gu, que foi dia 7 de novembro, e a última quimioterapia. É maravilhoso celebrarmos a Vida ao lado de pessoas que amo e que têm muito significado. Amo cada um; moram em meu coração. Sou grata por tudo o que vocês me proporcionaram! Feliz aniversário!

# ABACATE FLORESCEU E ME TROUXE NA SUSTENTAÇÃO DA VIDA

Nesses dias em casa, digerindo todo o processo, me avaliando, voltando o filme, me percebendo, me analisando, querendo entender todo o processo dessa etapa que passou e de como se realizou, com as intercorrências, enfim, analisando tudo que passou, e eu ali, em casa de novo, que bênção! Graças a Deus e a tudo que realizei com auxílio de muitas pessoas, sejam profissionais, familiares, amigos, era um momento meu, de análises pelo término de uma etapa de tratamento. Finalizava essa etapa no entendimento de criar espaço para a nova etapa do tratamento, que era a cirurgia, para a qual deveria resgatar as forças, a coragem e a determinação com disciplina quanto a todos os procedimentos necessários que me esperavam pela frente.

Eu gosto muito de ter esses momentos comigo e de reflexões. Eles são de grande valia e importância em meu fortalecimento na sustentação dos dias futuros. Nessas horas, nas minhas autoanálises, revejo comportamentos que reprovei, que aprovei e sigo para transformar o que acredito que precisa ser mudado e reciclado. Como minha mente pede esse momento e como fico melhor após esse contato comigo! Às vezes levam dias ou até meses para me encontrar, mas adoro esse meu comportamento de vida. Me faz bem e me sustenta na Elaine que sou. Me amo!

Um dia, nessa análise, fui comer abacate. Adoro abacate, seja puro, na comida, na vitamina, do jeito que for eu como abacate, mas gosto dele maduro. Cortei-o, coloquei o caroço de lado, tirei a casca e coloquei a massa no prato; comi amassado. Fiquei olhando para o caroço. De alguma forma, aquele caroço me chamou atenção. Depois de algum tempo me veio a ideia de colocar para renascer aquele caroço. Mais que depressa peguei o caroço, coloquei três palitos de dente espetados nele, para sustentá-lo na boca de um vidro em que coloquei água – ficou só com a parte de baixo do caroço em contato com a água –, e fui observando o processo de vida do abacate a cada dia. Se precisasse de mais água, eu colocava, e a cada dia estava ali com os cuidados do caroço. Fui percebendo que dele começaram a brotar raízes. Olha que maravilhoso! E fui conversando com o caroço:

– Você está renascendo com o estímulo e com os cuidados que estou te dedicando. Que lindo você! Posso fazer uma relação com as minhas intercorrências, pois através dos estímulos e cuidados que recebi, renasci também. Olha a nossa conexão! Vamos a partir de hoje nos cuidar e nos fortalecer, eu daqui e você daí, e assim vamos nos sustentando em energias e em nossas vidas.

Fui a cada dia cuidando do abacate até que o caroço rachou e começou a sair um galho com folhinhas bem verdes, bem vivas e saudáveis. Continuei com os cuidados, com as conversas e, um belo dia, mudei-o para uma caixa de leite com terra, proporcionando um lugar mais agradável, imagino eu, para ele se desenvolver.

Olha meu abacate, que lindo! Foi uma força que encontrei, uma forma de me sustentar na Vida. A cada dia que olho para o meu pé de abacate, percebo a Vida se desenvolvendo, como é maravilhosa, que uma força maior nos rege, Deus para nos sustentar, uma prova ali de que tudo nasce, renasce, se nos colocarmos a cuidar, se colocarmos o nosso tempo no que queremos realmente, termos dedicação, darmos atenção.

Fui cuidando mais e mais, e ele foi crescendo, eu me dedicando a ele, e fomos a cada dia o seu cuidado. A todos que chegavam eu mostrava o meu pé de abacate. Até o Gu quis plantar, pois ele gosta muito de abacate também. Falei que, quando comesse um abacate, escolhesse o caroço, que iria ajudá-lo nesse processo. Teve um dia que a mamãe chegou e falou para fazermos enxertia do pé de abacate, e dessa forma iríamos colher abacate no vaso; plantaríamos em um vaso maior. Gostei da ideia. Fomos pesquisar como era o processo da enxertia. A mamãe pediu para uma amiga sua, que tem fazenda onde os abacateiros estão produzindo, um galho na espessura do galho do meu pé de abacate. A amiga da mamãe trouxe o galho e a mamãe saiu com a Carolzinha para comprarem um vaso maior em que pudéssemos fazer a transferência do pé de abacate e realizar a enxertia.

E assim fizemos com a ajuda de mamãe. Fizemos como a orientação recebida e começou uma nova etapa de vida do pé de abacate.

E fui acompanhando dia a dia. O saco plástico era para formar uma estufa e desenvolver os brotinhos, que começaram a surgir. A orientação era para continuar ainda com o saco, mas eu acredito que deixei dias a mais, porque fui observando que o brotinho paralisou em seu desenvolvimento. Conversei com a mamãe e, de acordo, tiramos o saco plástico. Mantive ainda os cuidados com ele, que aparentemente estava morto, pois o brotinho secou e caiu. O enxerto não havia dado certo; acreditamos que foi essa etapa da estufa que não soubemos administrar corretamente. Tirei o saco plástico, tirei o galho enxertado e segui com o seu galhinho original, aquele que plantei e cultivei desde o caroço.

Continuei a minha dedicação dia a dia, nas conversas, na água, no sol... e em um belo dia, acordei, olhei para ele e estava brotando novamente. Para minha alegria, a vida ali ressurgiu, como eu mesma; fomos ao fundo do poço e voltamos. O abacate estava comigo, me acompanhando e me mostrando as forças maiores que temos condições de aproveitar. Com fé, tudo muda em seu trajeto.

Olha que lindo o renascimento do pé de abacate!

É vida aí!

Aos meus cuidados sempre, ele foi crescendo e crescendo, e continuávamos com as nossas conversas. Essa foi também uma maneira que encontrei para me sustentar em meus dias, em minha força e em minha fé.

O Gu também escolheu o caroço de um abacate que comeu e fizemos o mesmo processo: colocar na água, esperar as raízes, surgir o galho, plantar na caixa de leite, depois passar para o vaso, cuidar e, mais à frente, com o pé mais forte, fazer a enxertia para colhermos abacate no vaso. Mas o Gu quer levar o vaso com o seu pé de abacate para Goiânia, onde quer cuidar. Combinamos que vamos esperar mais um tempinho, os dois pés estarem fortes, para fazermos a enxertia deles juntos.

Esses são os pés de abacate que plantamos a partir dos caroços dos abacates que comemos. O da esquerda é o do Gu e o da direita é o meu, no qual não havia dado certo a enxertia, mas renasceu.

# UMA LÓGICA QUE VEIO ACALENTAR

No dia 1º de dezembro de 2023, às 10h45, tive consulta com o mastologista Dr. Raphael em seu consultório. Levei os resultados dos exames que o Dr. Rodolfo, oncologista, havia solicitado; exame de sangue, ressonância magnética, tomografia e mamografia.

Os resultados foram ótimos e, para mim, maravilhosos, pois o nódulo não existia mais! Nos resultados dos exames de imagem, só tinha a imagem do clipe, que foi colocado antes mesmo de iniciarmos as medicações de quimioterapia, e ele exerceu sua função perfeitamente: marcar o local do nódulo.

Dr. Raphael nos explicou – eu estava em comitiva na consulta, com Carol, Gu e Liliane – que a cirurgia era necessária e que não poderia deixar de fazê-la, pois ela daria uma margem de segurança no local para a doença não se instalar novamente. Conversamos sobre como ela seria feita. Ele explicou que iria tirar um quadrante da mama e que seu acesso seria pelo mamilo. Iria recortá-lo, descolar os tecidos, chegar ao local do nódulo, tirar com margem de segurança o que precisasse tirar, juntaria os tecidos e daria os pontos para junção dos cortes. Explicou também que ficaria uma depressão no local devido à retirada dos tecidos (conversaríamos sobre essa depressão depois). Ele voltaria a costurar o mamilo no seu devido lugar e seria feito também o linfonodo sentinela, retirada de um linfonodo, e tanto o tecido retirado da mama como o linfonodo seriam avaliados ali no centro cirúrgico mesmo para confirmação patológica segura. Falou da anestesia, dos cuidados após cirurgia, do sutiã cirúrgico, do dreno que já iria ser colocado na cirurgia e de meus cuidados pós-cirúrgicos.

Dr. Raphael falou ainda que eu teria de fazer radioterapia, mas fiquei surpresa quanto a isso, pois acreditava que não precisaria. No entanto, Dr. Raphael me explicou sua necessidade pela questão da segurança futura, como em todo tratamento do câncer de mama.

Ele me examinou e eu estava pronta para fazer a cirurgia então. Já que tinha que fazer, iríamos agendá-la para o mais rápido possível. Ele olhou em sua agenda e sugeriu a data de 2 de janeiro de 2024, logo cedinho, sendo a primeira cirurgia do dia. Concordei e ele me passou todos os exames que ainda tinha que fazer; mamografia com marcação cirúrgica, consulta com o anestesista e todos os cuidados na véspera da cirurgia, sendo que já iria encaminhar ao convênio médico toda a papelada para a sua liberação. E assim foi feito. Deu tudo certo para a cirurgia acontecer no dia 2 de janeiro. Saímos da consulta agradecendo ao Dr. Raphael e fui providenciar as marcações dos exames, preparar o meu corpo energeticamente para a cirurgia ser um sucesso e fortalecer a mente para sustentar o emocional para essa nova etapa.

Desde a minha última quimioterapia, no dia 6 de novembro, o meu xixi ainda estava fluorescente e eu estava com um processo meio alérgico, coriza leve, céu da boca coçando, tosse, já tomando o BioFAO e avaliando se era realmente um processo alérgico ou viral.

Durante esses dias que se sucederam à consulta, mantive os mesmos cuidados com tudo que estava fazendo, percebendo o meu corpo, cuidando da minha mente, do emocional, dos pensamentos, da alimentação, fazendo exercícios físicos e tudo o mais.

As reflexões não deixavam de existir ao pensar que uma etapa havia terminado com muito merecimento e uma outra etapa se iniciava, também muito importante para todo o processo da doença. Pensava em tudo o que havia acontecido, de como estava naquele momento e de como precisava estar para o novo que estava por vir. Eram pensamentos a mil e até desordenados. Sentia que na minha cabeça, na minha cachola, em todas as caixinhas pretas, onde são arquivados todos os acontecimentos por toda a minha Vida, estavam abertas, e todo o conteúdo de cada uma estava solto, em movimento dentro da minha cabeça, desordenado, como se fossem borbulhas procurando os seus devidos lugares, as próprias caixinhas pretas. Foi uma dificuldade me acalmar e organizar a mente. Era uma busca incessante por informações e estímulos. Me sentia com uma inundação de pensamentos acelerados o tempo todo, como se estivessem correndo dentro de minha cabeça e procurando um lugar, o melhor lugar para ficarem e se aquietarem. Dessa forma, me dificultavam o relaxamento.

Tinha que procurar a concentração na respiração, torná-la consciente e, aos poucos, perceber quais caixinhas abertas precisavam de imediato socorro. Então escolhia uma e avaliava se dentro daquela caixinha a situação ali guardada precisava voltar ao mesmo lugar ou mudar, qual o valor que tinha ou se não tinha mais valor, e aí guardava novamente ou eliminava, descartando-a, e assim faria com todas as caixinhas pretas que estavam fora de ordem. Era um processo delicado e necessário dentro de mim. Percebia que tudo que havia acontecido em minha Vida estava em momento de análise, de reavaliação e de organização para seguir em frente de forma a acreditar em um futuro sustentado em valores e crenças reais.

Nesse espaço de tempo de marcar exames, consultas e até as suas realizações, estava procurando através de minhas terapias me organizar internamente. O processo de mergulho interno nem sempre é belo e harmônico. Há os confrontos que se dão com nossas partes sombrias e caóticas. Aqueles que ousam atravessar os terrenos pantanosos conhecem a essência que nos constitui. Quando a alma nos visita, somos nutridos em profundidade daquilo que o mundo externo não é capaz de nos dar; um fortalecimento que procede do cerne do ser que se estrutura. É assim a caminhada, nesses pensamentos que nos impulsionam, e cabe a cada um de nós escolher aceitá-los ou rejeitá-los naquele momento. Tudo são escolhas e sempre temos duas opções.

É... a pequenez me segura muito... viver o presente é sabedoria. Às vezes, ou melhor, na maioria das vezes, a ansiedade me atrapalha... ser feliz é fácil, eu acredito nisso e sei que é... mas... as minhas caixinhas pretas estão ainda borbulhando... tenho consciência de minha força e me presencio às vezes sem elas, ficam brincando comigo de esconde-esconde... respeito... respiro... aceito... centralizo... entrego... retorno ao meu eu... e me acho de novo. E quero hoje – é o meu desejo – ser melhor que ontem.

No dia 9 de dezembro, fui ao parque resgatar as energias. Tem dia que estou em baixa, e como o parque me revigora, é lá a minha terapia. Comecei a caminhada um pouco chorosa, com aperto no coração (aperto devido a toda etapa concluída, reflexões; são sentimentos que mexem mesmo), a cada passo olhando a natureza, fazendo a respiração com concentração na inspiração e na expiração, aproveitando o calor do sol, pedindo a ele que me nutrisse de sua energia, fortalecendo cada célula na sua estrutura, função. Ali comecei a sentir o corpo aquecido e logo o coração também ficou melhor; o aperto já ia diminuindo e os olhos refletindo o coração. Continuei as passadas e, em um determinado ponto, comecei a correr devagar por cem metros e, depois, a caminhar pelos próximos cem metros, alternando em toda a extensão da pista do parque, que tem cinco mil metros. Fazia isso sempre admirando as árvores, o verde, o céu que estava tão azul, contemplando o sol e recebendo sua energia. Me sentia como se estivesse sozinha no parque, apesar de haver muitas pessoas ali fazendo suas atividades físicas. Era o meu momento de me abastecer das energias e sustentar todo o meu eu e o processo. Saí do parque bem melhor do que cheguei! Nutrida!

No dia 21 de dezembro, o convênio liberou a cirurgia. Já havia feito todos os exames e marquei a consulta com o anestesista. A secretária do Dr. Raphael ficou de agendar o dia da cirurgia, olhar disponibilidade do médico, do centro cirúrgico e de toda a equipe. Marcou para o dia 2 de janeiro de 2024. Começaria o ano novo de forma nova, um pouco ansiosa; em determinado momento, muito ansiosa, o que acredito ser normal, pois cirurgia é cirurgia, envolve riscos e acertos também. Então seguramos na mão de Jesus, confiamos e seguimos em frente, na confiança de que o melhor iria acontecer – por pior que seja, às vezes ainda é o melhor. Então, fé, confiança em toda a equipe, vamos nas bênçãos de Deus e seguindo em frente no caminho.

Passamos o Natal em família. Foi muito bom esse momento, sustentador de minha energia também. Ter todos ao meu lado era primordial para as etapas e tudo que estava passando. No Ano-Novo viajamos, eu, Marcos, Carol e Gu, para Araxá. Passamos o *réveillon* com o papai e a Sissi. Foi muito bom também. Retornamos no dia 1º, descansei e tudo já preparado para o dia seguinte, quando seria a cirurgia.

No dia 2 de janeiro, terça-feira, fomos para o hospital bem cedinho, eu, Carol, Gu e Liliane, minha comitiva de amor e sustentação no caminho. Lili iria ficar comigo no centro cirúrgico assistindo a toda a cirurgia, com a permissão do Dr. Raphael, mastologista. Os meninos ficariam na sala de espera, acompanhando pelo lado de fora. Me prepararam e, antes de entrar no centro cirúrgico, Dr. Raphael veio conversar comigo, me perguntou como eu estava, falou que seria tranquilo, que iríamos fazer a sedação e, em sequência, a cirurgia em si. Agradeci por aquele momento e perguntei se ele havia tido uma noite boa e restauradora de sono. Ele riu e falou que sim, que estava muito bem e feliz em poder fazer a minha cirurgia. Segui com a enfermeira, que me colocou na cama, e logo em seguida já fomos para o centro cirúrgico. Ao chegar, já vi a Lili toda paramentada, como todos ali. Ela colocou sua mão no meu ombro, perguntou como eu estava e respondi que estava bem. Ela falou que daria tudo certo e que já, já estaríamos juntas de novo. O anestesista veio conversar comigo, também o Dr. Raphael e os enfermeiros, a pessoa do laboratório responsável por examinar o material retirado na cirurgia, todos em movimento, colocando aparelho de pressão no braço, pegando o acesso à veia... e me lembro que o Dr. Raphael pediu para que eu levantasse o braço esquerdo. Foi a última coisa de que me lembro. Apaguei.

A cirurgia aconteceu e foi um sucesso, graças a Deus. Seguiu-se o planejamento do Dr. Raphael: ele retirou o tecido necessário, somente um linfonodo, e foi tudo analisado ali mesmo no centro cirúrgico, em sua perfeita ordem, sem surpresas no processo.

Acordei em uma sala com a Lili ali do meu lado, conversando comigo. Eu ainda meio grogue, ela foi pedindo para eu mexer meus pés, mãos, perguntou se eu conseguia levantar um pouco a perna, e levantei. Estava bem e voltando à consciência de meu corpo. Sentia que na mama estava tudo apertado devido aos curativos. Nesse momento, percebi uma luz amarela em cima de mim. Era como se fosse uma nuvem bem volumosa na cor amarela e como se chovesse em cima do meu tórax luzes dessa mesma cor. Quando chegavam a meu corpo, eram como pingos fortes; batiam no meu corpo e se espalhavam, espirrando luz amarela. Logo em seguida vieram os Gigantes, os meus Gigantes, em direção a mim. Estavam segurando o escudo na mão direita e o cajado na mão esquerda. Posicionaram-se à minha cabeceira, e a chuva de luz caindo. Eu ainda meio sonolenta, percebi depois que estava chegando ao quarto, e enfermeiras me colocaram na cama. Já estavam os meninos ali também no quarto me esperando. Ficamos alguns dias no hospital, e a cada dia fui conseguindo me deslocar melhor, sem dores consideráveis, somente o desconforto da cirurgia mesmo, uma limitação do braço esquerdo, com o dreno que exige um cuidado. Foram se alternando os acompanhantes e, logo na quinta-feira, saí do hospital e fui para casa. Como era maravilhoso voltar para o meu lar, doce lar. O coração estava em festa!

Em casa mantive os cuidados, sempre alguém comigo. A Carol retirava todos os dias o líquido do dreno, media a quantidade e a registrava em uma folha fornecida pela enfermeira. No retorno, deveríamos passar para o médico. O líquido estava a cada dia mais claro e a parte de sangue diminuía. Para dormir, havia o incômodo, somente de barriga para cima; colocava a almofada apoiando o braço esquerdo e dormia bem. No terceiro dia, após chegar em casa, tive o retorno com o Dr. Raphael; fomos eu, Carol e Gu. Ele me examinou, olhou a folha dos registros do líquido do dreno, me perguntou como estava passando, quais as dificuldades e incômodos, mas tudo transcorria na tranquilidade. Ele ficou contente e já retirou o dreno. Disse que era para voltar em breve para a retirada dos pontos e que, qualquer coisa, era para chamá-lo. Foi um alívio retirar o dreno. Fomos embora. Os dias seguintes foram tranquilos, tudo na normalidade, a cada dia com melhoras significativas, seguindo em sua plena ordem e de acordo com o esperado.

A Marli me envia reiki e sempre pergunta como estou. Teve um dia, logo após a cirurgia, que ela me enviou a seguinte mensagem:

"Bom dia, Elaine! Reiki enviado. A energia estava muito bloqueada, como se você estivesse segurando firme sua vida, e com isso sua energia não consegue fluir. O reiki é superimportante no pós-cirúrgico, pois alguns meridianos são cortados e isso impede o fluxo energético. Desejo a você o melhor."

Sou grata à Marli. Precisava mesmo recompor a energia. Sentia e percebia que estava em nível baixo energético.

Fiz o BioFAO no dia seguinte ao reiki, também logo após a cirurgia. Mais um alinhamento, a Lili me acompanhando ali de pertinho e sempre atenta aos meus sinais. Passava para ela as minhas reflexões, como o BioFAO mexe com meus sentidos e percepções. Minhas sensações são de abrir o horizonte, e as coisa ficam mais claras, pensamentos mais alinhados. Após fazer o BioFAO, já percebi um ganho de disposição também no corpo e nos pensamentos. Quando falo "nos pensamentos", é que até eles ficam mais firmes, em uma direção mais otimista e positiva. Quando vem algum pensamento que não é muito bom, ruim ou até negativo mesmo – não tem jeito, esses pensamentos vêm sim e sou muito atenta a isso –, identifico-o, analiso-o e, para não deixar criar forças, tento logo de imediato cancelar essa vibração e já colocar outra energia no lugar, e de preferência o pensamento oposto em exagero àquele identificado; tenho condições de já mudar essa vibração e perceber que muda mesmo. E assim seguiam os dias. Não era fácil, mas era possível. Bastava fazer disso um exercício, e cada vez que fazia, percebia que os pensamentos ruins e negativos iam perdendo força, porque logo que os identificava, já colocava em ação essa mudança de vibração, então eles iam diminuindo em intensidade.

Ficou marcado para tirar os pontos no dia 9 de janeiro, numa terça-feira. O médico olhou, me falou que a cicatrização estava ótima tanto no mamilo quanto na axila; um pouco inchados ainda, mas era de se esperar mesmo. Deveria seguir com um gel cicatrizante que ele me receitou, passar duas vezes ao dia e manter os cuidados.

No dia 14 de janeiro, domingo, fiz o evangelho no lar. Como de hábito, todo domingo fazemos; peguei o livro *O Médico Jesus*, de José Carlos de Lucca, e abri com os olhos fechados elevando o pensamento naquele momento de iniciarmos o evangelho no lar. Sempre iniciamos com uma leitura, e nesse dia escolhi esse livro que gosto muito e que me ajuda com suas mensagens. E caiu nesta:

> "PACIÊNCIA É REMÉDIO
> *Aceite total e completamente o que acontecer a você para que possa apreciar e aprender, e depois relaxar.*
>
> *Dr. Deepak Chopra*

Tudo ocorre para o nosso bem, ainda que não consigamos enxergar isso à primeira vista. Todo o mal encerra em grande bem. As dificuldades do caminho nos tornam mais fortes e preparados para tarefas superiores. Sem paciência com as pequenas derrotas ninguém chega ao sucesso.

[...] A paciência é um remédio poderoso, pois tem o poder de alcançar a irritação, a ansiedade e o azedume, três grandes bombas que arrasam a saúde e dificultam a cura. [...]

A doença de agora foi construída ao longo de muito tempo. Portanto, a cura também precisa de tempo para se estabelecer, e esse tempo é mais ou menos proporcional à assimilação das lições que a enfermidade nos trouxe.

Sem paciência, aonde você pensa que chegará? Mais próximo da sepultura, talvez.

Não desconsidere que o período de uma enfermidade, seja ele qual for, é um tratamento de beleza do espírito. [...] Então, pacientemente agradeça a Deus seu embelezamento espiritual."

Que presente recebi através dessa mensagem! Sou grata!

Eu acredito que o grande otimismo em relação à Vida é o verdadeiro processo de cura. Esse otimismo procuro ter sempre; por mais que pareça ser negativo, procuro rapidamente perceber e ver o positivo de tudo que me acontece. É também um exercício, é de minha pessoa também, meu jeito, independentemente de quanto tempo dura. E a forma como faço as coisas é o meu tempo; procuro ter alegria, força de vontade, procuro olhar principalmente para mim, conhecer-me um pouco mais. É um movimento que fui obrigada a fazer e intensificar nesse diagnóstico de câncer de mama. Sinto que é importante neste processo evolutivo.

# NO ÂNIMO DE CERTEZAS

Dia 26 de janeiro de 2024, sexta-feira, consulta com o oncologista. Após a cirurgia, retornaria para a programação das imunoterapias, outra etapa do tratamento. Dr. Rodolfo perguntou como estava passando, minha percepção sobre como havia sido a cirurgia, o retorno com o Dr. Raphael... Apesar de já ter tido o contato, contei como foi tudo, as minhas experiências. Era muito bom conversar com o Dr. Rodolfo; como ele é espírita, contava o que percebia. Ele acreditava muito nessa minha conexão e também ficava encantado com o meu processo, falava que eu era muito sensível e tinha uma proteção que me sustentava. As consultas às vezes demoravam mais que o normal.

Seriam nove imunoterapias, começando dia 9 de fevereiro, realizadas com um intervalo de vinte e um dias. Ele me entregou a solicitação de exames de sangue laboratoriais para serem realizados um dia antes da medicação; seus resultados sustentariam a medicação. Então me passou o encaminhamento para marcar consulta com a Dra. Izabela na radioterapia.

Marquei a consulta com a Dra. Izabela logo em seguida. O Gu foi comigo à consulta. Muito simpática a doutora. Falou com propriedade sobre a radioterapia, explicou como ocorriam as sessões, como a radiação era conduzida dentro do corpo e qual sua área de atuação. Me examinou, perguntou como foi todo o meu processo desde o início, muita atenta a cada detalhe. Fez pedido de exame de imagem, que era para fazer a demarcação para a realização das sessões de radioterapia. Saí da consulta com tudo agendado por sua secretária.

Realizei o exame, foi feita a marcação na pele da posição em que ficaria na máquina de radioterapia e fiquei aguardando o contato da secretária no agendamento da primeira sessão; a programação era de dez sessões de radioterapia.

Enquanto isso, aconteciam as imunoterapias: a primeira, dia 9 de fevereiro; a segunda, dia 1º de março; a terceira, dia 21 de março. E no dia 25 de março marcou-se a primeira sessão de radioterapia. Cheguei no horário marcado à mesma instituição em que faço as medicações de quimioterapia/imunoterapia, entrei no setor de radiação e havia um armário com um roupão específico para mim, com todos os meus dados, nome, data de nascimento. Esse roupão eu usaria toda vez que fizesse as sessões de radioterapia; tirava a minha blusa, sutiã, colocava o roupão e me encaminhava à sala onde estava a máquina de radiação. Fui recebida por enfermeiros capacitados para tal tratamento; eram muito atenciosos e explicavam os passos a serem realizados durante o exame. Eles me orientavam e eu me posicionava na máquina. Havia uma plataforma onde me deitava e, então, vinha cada um deles, um de cada lado, e de acordo com as medidas marcadas, me posicionavam corretamente na máquina, com o braço esquerdo acima da cabeça, ficando a mama esquerda bem esticadinha. Essa posição era para a radiação pegar na área da mama e da axila; iríamos radiar os linfonodos também. Certificando-se do meu correto posicionamento, avisavam que começaríamos o tratamento ligando a máquina e saíam da sala. Eu ficava sozinha recebendo a radiação. A sala era bonita, tinha no seu teto uma gravura de paisagem com um ipê amarelo e muito verde; ficava sempre a contemplar essa imagem. Quando começava a radiação, a máquina se deslocava na altura da minha mama de um lado ao outro, com algumas paradas em que emitiam a radiação. Enquanto a máquina estava fazendo o seu trabalho, eu fazia o meu: imaginando uma bolha azul, estava dentro dela, que me protegia, e abria um buraquinho na direção de minha mama esquerda, para que através dele a radiação entrasse e ficasse somente ali em sua plena ação. E eu ficava repetindo mentalmente durante o tempo todo da radiação, que é rápido, o Ho'oponopono: "Sinto muito. Me perdoe. Eu te amo. Sou grata!" Assim acontecia em todas as sessões de radioterapia; era minha rotina adotada durante o meu tratamento nas sessões.

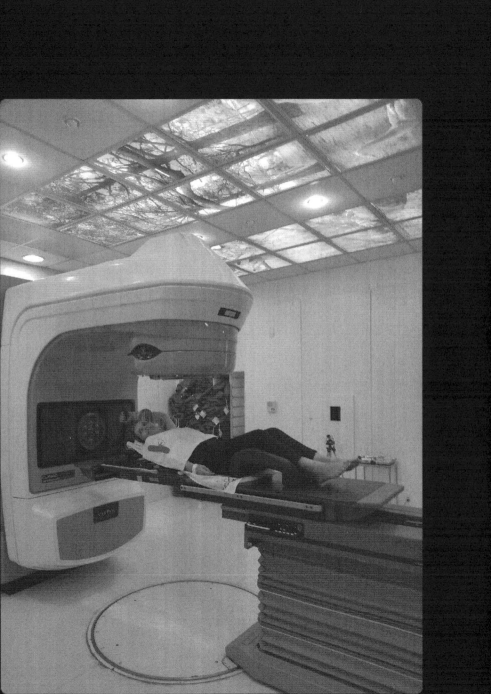

No dia 26 de março, aconteceu a segunda sessão de radioterapia e, após o seu término, tive consulta com a Dra. Izabela. Ela queria saber como eu estava me sentindo com a radiação e me examinou para saber como a pele estava se comportando. Ela havia indicado já na consulta um medicamento em forma de pomada para passar na pele, um óleo para ajudar a pele em todo esse processo e a orientação de fazer compressas de chá de camomila na intenção de acalmar a pele antes da pomada. A radioterapia, segundo a OMS, "é um tratamento no qual se utilizam radiações ionizantes (raio x, por exemplo) para destruir um tumor ou impedir que suas células aumentem. Estas radiações não são vistas e durante a aplicação o paciente não sente nada. A radioterapia pode ser usada em combinações com a quimioterapia ou outros tratamentos". No meu caso, junto à imunoterapia.

Na consulta falei que sentia a radiação; por onde a máquina passava, sentia um calor, bem focado em meu corpo, o qual andava acompanhando a máquina, e após a sessão de radioterapia, sentia meu corpo, no local, quente. Comecei com uma tosse, parecia que tinha alguma coisa em minha garganta, e somente do lado esquerdo. Para mim era estranho essa sensação, pois nunca tinha percebido minha garganta repartida; em dores de garganta, sentia a garganta por inteira. Também sentia, algumas vezes, uma pontada nas costas, no pulmão, na mesma altura da mama. Ela me falou que a radiação não chegava à garganta devido ao mapeamento da área no tratamento, e até me mostrou, através de imagens, o mapeamento e sua dosagem de radiação.

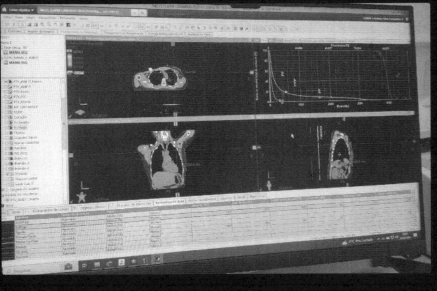

Mapeamento da área a receber radiação.

esse é o mapeamento da área em que a radiação atua conforme o mapeamento médico. É muito interessante, o gráfico é colorido, mostrando a cor referente a cada órgão. Ficamos de ir acompanhando as sessões e sua evolução no tratamento.

Segui a cada dia fazendo as sessões de radioterapia, sempre com o acompanhamento dos enfermeiros e da médica. A minha sensação em relação à tosse e à dorzinha nas costas não evoluíram. Seguimos com as dez sessões de radioterapia, que aconteceram no período de intervalo da imunoterapia.

Terminamos as dez sessões de radioterapia e tive outra consulta com a Dra. Izabela, que me examinou, verificou que a minha pele ficou levemente mais morena, sem feridas, graças a Deus, e o seu aspecto era muito bom. Segundo a médica, eu estava de parabéns pelo tratamento, pelos cuidados que tive comigo mesma durante todas as sessões, e me informou que eu estava de alta da radioterapia. Sou grata à Dra. Izabela por todos os cuidados e dedicação dispensados a mim!

Vamos voltar às imunoterapias que aconteceram nas seguintes datas: a quarta, dia 12 de abril; a quinta, dia 3 de maio; a sexta, dia 24 de maio; a sétima, dia 14 de junho; a oitava, dia 5 de julho, e a nona, dia 26 de julho.

Encerramos um ciclo de tratamento do diagnóstico de câncer de mama com muita alegria e contentamento no coração. A ficha ainda não havia caído, confesso, mas acreditava que iria aos poucos assimilando todo o processo.

Dr. Rodolfo, em consulta da última imunoterapia, me passou alguns exames a serem agendados de laboratório e de imagens. Ele me falou que iríamos agora fazer o caminho da volta: marcar consulta com o vascular, para retirada do cateter, e, com os resultados dos exames em mãos, marcaria consulta com a infectologista, consulta com o mastologista (saber da próxima etapa com ele – se iríamos reconstruir a mama ou deixar do jeito que estava) e já marcou o retorno com ele mesmo em outubro para ver os resultados dos exames e me mostrar o planejamento dos acompanhamentos de seis em seis meses, exigidos pelo diagnóstico de câncer de mama, até a alta definitiva, que acontecerá em 2029.

Acaboooooooooooooooooouuuuuuuuu!!!!!!

É uma sensação que ainda estou processando em minha mente. O corpo ainda não está percebendo que não terá mais medicações bombardeando as células; ele está querendo eliminar as medicações que estão ainda nele.

E como as medicações são acumulativas, tem muito ainda para jogar para fora. As células estão ainda se programando para mais medicações, apesar de eu já estar em reunião com todas elas. Falo para elas prestarem atenção ao seu redor, reconhecerem as células ali em volta e saberem que todas elas são agora saudáveis.

Que momento lindo e muito maravilhoso na sua grandiosidade! Tenho orientações através da nutróloga Dra. Amarantha para ocorrer mais rápido o processo de eliminação das drogas. Sigo adiante neste caminho de volta, como o Dr. Rodolfo falou, e estou simplesmente radiante e adorando a programação de fazê-lo.

Eu, até aqui, não desisti nem um segundo, sabendo da importância de um segundo, que o tempo de um segundo é suficiente para mudar a história, mudar a vida, é capaz de nos colocar em outra dimensão. Tive medo às vezes, mas na maioria dos segundos tive confiança, fortaleci minha fé, meu autoamor, minha confiança em algo maior, meu Deus, meu Jesus, meus Gigantes, meus Espíritos Protetores. Tive dias em que a única opção era eu ser forte, e fui, continuei; o meu desejo agora, para mim mesma, é que eu renasça a cada inspiração e expiração.

A escritora Leila Ferreira, no livro *A arte de ser leve,* conta uma passagem de quando estava em um salão de cabeleireiros, em Belo Horizonte, fazendo as unhas e observando a Conceição, dona do estabelecimento, em toda a sua movimentação, atendendo uma cliente aqui, outra ali, sempre com sorrisos e gentilezas. Vendo a cena, Leila perguntou para a Conceição: "Como você consegue ter esse astral tão bom, essa leveza e energia tão boas?

Conceição respondeu: "Uai, menina (adorou ser chamada de menina), não sei, eu acho que tem gente que vem para o mundo de caminhão e tem gente que vem para o mundo de bicicleta, e eu sou da turma da bicicleta!"

Eu adoro essa passagem por me provocar o pensamento: O caminhão é pesado, carrega muita coisa e mais algumas que ficaram para trás, e a bicicleta é pequena, carrega uma pessoa, no máximo duas, quando tem garupa, é leve e o ciclista leva pouquíssima bagagem. Sei disso porque sou ciclista e adoro fazer trilha.

Me transportei em pensamentos à bicicleta e relacionei-a à vida, ao peso do corpo e ao peso do espírito, da alma, como Leila diz.

O que quero para minha vida: peso ou leveza?

O diagnóstico de câncer de mama é muuuito pesado, vem de carreta, mas não vou carregá-lo em caminhão, e sim na minha *bike*, em que faço minhas trilhas na leveza do passeio, no encanto da natureza, na paisagem, na alegria do movimento e na gratidão do pedalar. Assim quero ir na vida. Eu sou da turma da bicicleta!

A leveza convive com a felicidade possível; fazer o possível é criar caminhos e aceitar os desafios. A vida nos apresenta desafios a todo instante!

Quero ser leve! A escolha é minha!

A saúde está em minha Vida de forma constante! Meu mantra a partir de agora: Eu me amo!

Aqui deixo registrado como se passaram os meus 365 dias do diagnóstico de câncer de mama!

# MEDICINA BIOFAO: NOVO PARADIGMA

## Liliane Camargo Felix Figueira de Mello*

> "Há quem ande pela floresta e só
> veja lenha para a fogueira"
>
> *Leon Tolstói*

Nesta viagem no trem da vida pelo planeta azul, vamos passando por pessoas e lugares, experimentando sensações que nos levam às interpretações das nossas experiências. E o que são as interpretações senão apenas *flashs*, fotografias, fragmentos de uma realidade maior sob o olhar de quem as interpreta? Mais ainda, de que tamanho está nossa consciência naquele momento da interpretação de algo? A consciência cresceu na mesma velocidade que crescemos com o passar do tempo? Ela veio se desenvolvendo na mesma velocidade que nosso corpo crescia e diferenciava-se do bebê à criança, da criança ao adolescente, do adolescente ao adulto? Ah, consciência, onde se encontra? E quando nos damos conta de que estamos aqui, adultos realizados profissionalmente, vida financeira estável, família constituída, relacionamentos pessoais saudáveis, será que falta algo? O que é tudo isso sem consciência? Em que lugar do nosso ser ela ficou presa e nos separamos dela

---

* É médica formada pela Universidade Federal de Uberlândia (UFU, 1989), especialista em Pediatria (RQE nº23182) e Medicina Intensiva Pediátrica (RQE nº 221075). Médica BioFAO formada pelo instituto BioFAO (2010), Rio de Janeiro, na Metodologia BioFAO (Fatores de Auto-Organização do Biocampo).

para seguir o nosso curso natural da vida? Vida: ilusão? Ilusão, quando somos arremessados pelo nosso ego de uma posição extrema à outra, quando fazemos escolhas deste, excluindo aquele, decisões dualistas orientadas pelo jugo rígido e tão bem estruturado das nossas crenças.

Vida: realidade? Realidade, quando deixamos a polaridade, abandonamos o julgamento e nos tornamos livres para olharmos tudo de um outro lugar: do lugar do observador. E quem é esse observador dentro de nós? Aquele em nós que nos faz ampliar a nossa visão para enxergar as infinitas possibilidades daquele momento, enriquecendo o nosso poder de ação a campos bem distantes do caminho estéril que a visão dualista nos permite. E como isso é possível? Apenas com consciência! Enxergar além da lenha em meio à floresta! Esse pode ser um grande propósito!

> "Mesmo quando tudo pede um pouco mais de calma
> Até quando o corpo pede um pouco mais de alma
> A vida não para
> ... A vida tão rara"
>
> *Carlos E. C. De Albuquerque Falcão / Oswaldo Lenine M. Pimentel*

E assim vamos nos concentrando e nos distraindo no caminho desta Vida. Ora mais altruístas, ora mais egoístas. Às vezes aprendendo, embora nem sempre atentos à autoaplicação.

E neste caminho, quando precisamos passar por experiências que vão nos remeter àquele lugar que estamos vivendo, em aparente equilíbrio, porque nada na Vida é estagnação, somos surpreendidos por situações "tsunâmicas" que requerem de nós atitude. Elas podem vir de várias formas e roupagens. Nesta situação que vim falar neste capítulo, refiro-me ao diagnóstico de minha irmã, que sem pródromos, sem ensaios ou preparação, se desvendou através de um desconforto durante um abraço como um fato muito novo, que surpreende e assusta quando a conclusão, após exames, é que se trata de câncer. Fato surpreendente porque havia exames de imagem normais realizados recentemente, e assustador porque, de forma inesperada, abrem-se portas para um futuro desconhecido.

Caminhante, não há caminho, o caminho se faz ao caminhar!

Eis uma sabedoria do poeta Don Antônio Machado (século XIX). Não há caminho....

Existe um tempo. Existe um espaço. E ações devem integrá-los. O caminho começa a ser desenhado. Passos se seguem um após o outro. Protocolos começam a ser executados. Consultas de especialistas são agendadas, cirurgião cardiovascular, mastologista, oncologista, infectologista, intensivista, enfermagem, farmacêutico, psicólogo, dentista e tantos outros profissionais do apoio em cada um dos espaços no tempo tocados, desde a equipe da limpeza ao profissional que oferece um café, um suco ou biscoito sem glúten aos profissionais do laboratório e dos setores de exames de imagem, à secretária que organiza questões de convênio, exames, consultas e integração com outros profissionais até à enfermagem que cuida e executa a teoria na prática. Da prescrição à dispensação, à preparação, à administração. E essa sequência de princípios rígidos chegam ao paciente com a máxima da segurança do paciente norteada pelos 5 certos: paciente certo, medicamento certo, via certa, dose certa e horário certo.

E esse espaço, que vai sendo delineado através das ações no tempo, vai se transformando no ambiente novo, o qual, a partir de agora, deve ser frequentado de uma forma bem intensa, vai ditando quais os profissionais que estarão conosco em cada fase e os tratamentos e procedimentos que devemos receber.

Cateter *port-a-cath* é implantado, quimioterapias iniciadas (brancas e vermelhas), touca gelada para redução da queda de cabelo, imunoterapia, corticoide, anti-histamínicos, anti-inflamatório, antiemético, antitérmico, analgésico, frascos de soros cristaloides (infusão rápida e lenta), seringa pré-enchida com solução salina para *flushing* de cateter. Nesse processo de tratamento, alguns pacientes mais, outros menos, têm chances de apresentarem efeitos colaterais ao tratamento necessário que, quando ocorrem, são verdadeiros desafios para a conduta médica. Esses efeitos indesejáveis ocorrem numa faixa de variação entre menos frequentes e mais frequentes, determinados para cada reação colateral específica.

Em particular, em se tratando de minha irmã, tenho a impressão de que os efeitos indesejáveis tinham uma tendência particular de se aproximarem a 100%. Foi assim este caminho, sequência de detecção do problema seguida pela viabilização de uma solução: ocorrência de reações à solução salina em seringa pré-enchida, solucionada pela substituição por soro fisiológico aspirado na seringa; necessidade de encaminhamento para a UTI, frente a um agravamento das condições vitais e neurológicas ao final de uma das últimas sessões da quimioterapia branca; internação para tratamento de infecção durante período de neutropenia grave.

Devo admitir que na nossa paciente (digo "nossa" porque, a essa altura, já assumia dupla identidade, além de irmã/guardiã, era também a sua médica particular, ampliando a sua equipe multiprofissional) as intercorrências acima descritas foram poucas, ao se considerar as tantas possíveis de terem ocorrido e não o foram, ao longo desta trajetória. Na maioria das vezes, ela sempre mostrou ânimo, entusiasmo e confiança no resultado final. Era a sua realidade interior, a sua consciência ampliada e sustentada em tantos pilares com o objetivo de mudar a realidade externa que a ela se apresentava.

Atitudes internas que fico pensando se eu teria força para tê-las e vivê-las.

Nos dias específicos de tratamento, ela parecia ter uma proteção em torno de si, ela era envolvida por um sono profundo, desde o momento em que se sentava no seu leito confortável de poltrona reclinável ao lado de uma janela ampla de vidro com vista a um jardim com árvores, plantas e passarinhos. E ali permanecia no mais profundo do seu ser, imersa em um campo dimensional fora dali, como se tivesse achado um portal dentro de si que a transportava a um mundo paralelo e longínquo, mas com uma forte conexão ao mundo da superfície, ciente de tudo o que lhe acontecia, com descrição de detalhes dos procedimentos, dos profissionais que a atendiam, dos diálogos entre pacientes de outros leitos, de forma impressionante. E é assim que, à medida que trilhamos, o caminho vai se descortinando!

Quem está doente!

> "É preciso aprender a contemplar as sementes e deixar a palavra dizer à árvore que ela protege em seu dentro".
>
> *Bartolomeu Campos de Queirós*

Uma doença grave abala a estrutura emocional e relacional dentro de uma família. No filme *100 metros* (Espanha, 2016), uma história real de caminhos de resiliência e superação, podemos captar um aspecto muito importante durante o diálogo entre o casal principal. Faço uma analogia com esse diálogo quando a esposa se refere à doença do marido, portador de esclerose múltipla, como não sendo só o diagnóstico dele, mas dela também.

E compartilho com um sentimento genuíno de que não era a minha irmã que estava com câncer; tratava-se de que éramos todos nós (familiares) que estávamos com câncer. Talvez o entendimento do profundo significado e essa compreensão revolucionária da existência ainda esteja por vir nos infinitos desdobramentos de ensinamentos, valores e *insights* durante toda uma vida e para além dela.

# DECLARAÇÕES DE PROFISSIONAIS QUE PARTILHAM O CAMINHO

"Acompanhei como nutróloga o tratamento para o câncer vivenciado pela Elaine. Pude presenciar um verdadeiro e intenso processo de renascimento. Uma mulher que reconheceu e resgatou sua força e sabedoria ancorada na sua ancestralidade. Foram dias difíceis que quase levaram a sua Vida, mas que certamente a empoderaram, pois desenharam debaixo de seus pés uma trilha para a sua liberdade. Um convite da vida superando a morte. Sou extremamente grata por ter tido a oportunidade de vislumbrar esse desabrochar desta linda Flor.

Com amor para minha Flor de abacateiro!"

**DRA. AMARANTHA RIBAS**
MÉDICA NUTRÓLOGA INTEGRATIVA VEGANA

"As mamas não representam somente um símbolo da feminilidade, ou a marca da mulher. Elas simbolizam também a sua coragem, sua postura diante da vida e toda condição de exteriorização do amor e afetividade, assim como a capacidade de acolhimento e compaixão. O câncer de mama, segundo a visão metafísica, são ressentimentos, mágoas e tristezas profundas que não foram elaboradas e bem resolvidas. Esses bloqueios impedem a mulher de se abrir às novas experiências afetivas ou, por medo do sofrimento, ela se dedica extremamente ao outro, anulando-se.

Então, ELAINE, não foi somente a cura de uma doença física... foi um mergulho nas emoções... foi um voltar a se amar mais que tudo, que todos... foi uma revisão dos valores de VIDA! Não de morte, afinal, aquela ELAINE PRECISOU MORRER para que essa nova renascesse. Correntes quebradas, esse momento é de perdoar e libertar de ti todo um passado... honrando-o mais, abrindo portas para novas energias e liberando o caminho daquelas que, com seu exemplo, vão se inspirar e corajosamente se libertar!"

**MESTRA VAL**
TERAPEUTA MULTIDIMENSIONAL

"Persistência e ao mesmo tempo resignação. Lutou e entregou, cada coisa no seu tempo."

**MARLI A. RANAL**
LICENCIADA EM CIÊNCIAS BIOLÓGICAS, MESTRE
EM BIOLOGIA VEGETAL, DOUTORA EM CIÊNCIAS,
MESTRE EM REIKI E CONSTELADORA

"Eu comecei a tratar a Elaine há alguns bons anos em acupuntura. Fizemos a graduação na mesma instituição, e ela já fazia acupuntura com minha mãe Ana Cabral. E durante os nossos tratamentos, ela me informou que dali para frente iria precisar mais ainda de mim, pois havia recebido o diagnóstico de câncer de mama. No primeiro momento fiquei sem chão, mas ao mesmo tempo me senti honrada porque estaria ao lado dela nessa jornada pela cura. Receber um diagnóstico de câncer de mama, para muitas pessoas, é receber uma sentença de morte, mas para ela foi mais uma etapa a ser vencida na vida.

Tivemos altos e baixos durante o tratamento. Acompanhei todas as intercorrências pelas quais a Elaine passou, mas ela sempre foi forte, procurou ser forte, otimista, dona de uma fé linda; e essa vontade de viver foi peça fundamental para a sua cura.

E por falar em cura, eu também fui curada nesse processo; ela nem imagina o tanto. E receber uma mensagem da sua última etapa de imunoterapia me fez respirar aliviada e agradecer a Deus pela vida dessa grande mulher."

**ROBERTA CABRAL**
ACUPUNTURISTA E MASSOTERAPEUTA

"Elaine é uma amiga do curso de graduação em acupuntura. Após a formatura, continuamos estudando semanalmente a acupuntura, teorias, troca de casos e experiências vividas com pacientes.

Em determinado momento, informou-me que estava com um nódulo na mama esquerda, já passando pelos exames, equipe médica e planejamento do tratamento.

Me prontifiquei para contribuir com seu processo de tratamento através do Magnetismo à distância (é uma técnica em que se enviam energias mento-magnéticas através do pensamento). Combinamos realizar essa prática durante o horário que dedicávamos ao estudo, semanalmente.

A cada sessão, inicialmente com meditação de relaxamento, eu me concentrava enviando energias com intuito de encapsular o nódulo e cortar sua alimentação. Após esse procedimento, terminávamos com uma meditação e em seguida a consultava sobre as suas percepções e como estava se sentindo. Ela reportava que estava bem e descrevia um pouco do que percebera durante cada procedimento. Teve uma sessão em especial em que toda a equipe estava preparada para encapsular o nódulo por completo e não foi possível devido a sua forma de cone; ainda havia uma pequena parte profunda que se alimentava. Continuamos com as sessões para alcançarmos o objetivo de encapsulamento total do nódulo.

Realizamos essa prática por um bom tempo e observamos que algumas descrições que eu relatava sobre o seu estado, durante os nossos procedimentos, foram confirmadas pelos exames clínicos que ela realizava com o tratamento convencional.

**JOSÉ WELINGTON**
ACUPUNTURA E PRÁTICAS TERAPÊUTICAS

# ENCONTROS TRANSFORMADORES E O PODER DA CURA

## Rogélio Peres[*]

$\mathcal{E}$m dezembro de 2023, fui convidado a promover um curso em Uberlândia. Na época, eu morava em São Paulo, então essa viagem parecia apenas mais uma oportunidade profissional. No entanto, essa experiência acabou trazendo uma vivência ainda maior do que o próprio curso que estava promovendo. Organizar o curso envolvia uma série de contatos e logística e, sendo uma cidade não tão conhecida para mim, os desafios pareciam ainda maiores. Contudo, minha determinação superava qualquer dificuldade, pois eu acreditava profundamente no propósito do evento.

Consegui o auxílio de amigos para montar o curso, e as coisas começaram a fluir. Três meses antes do curso, comecei a contatar locais para a sua realização, fechar parcerias e coordenar com os demais facilitadores. Encontrei um hotel que parecia ideal para a ocasião e, dois dias antes do curso, cheguei a Uberlândia. Fiquei hospedado no mesmo hotel onde se alojariam os outros instrutores e participantes, um espaço acolhedor e tranquilo, perfeito para o evento.

---

[*] é palestrante motivacional, mentor e instrutor do trabalho da Ativação Frequencial e Reconexão, além de ser divulgador e praticante da Terapia Plasmática. Com uma trajetória de mais de três décadas às terapias alternativas, iniciou sua jornada em 1984 e desde então tem impactado milhares de vidas ao redor do mundo.

Na sexta-feira, dia da palestra introdutória, eu estava à porta do salão, recebendo os participantes. Entre os rostos conhecidos e novos, vi Eliane se aproximar. Conhecia-a apenas por contatos na internet. Com um sorriso caloroso, ela me apresentou a sua mãe e a outros membros de sua família que também estavam lá para participar do curso. Brinquei com ela, perguntando se tinham vindo em uma van, dada a quantidade de pessoas da sua família que ela havia trazido para a palestra. Foi um momento especial, de reencontros e novas conexões. Eliane era uma figura vibrante, cheia de energia, conhecida por seu envolvimento na produção de produtos naturais e terapias alternativas. Durante a breve conversa que tivemos, percebi o quanto ela se dedicava ao bem-estar e à cura natural, algo que se alinhava profundamente com minha própria jornada.

O curso foi um sucesso, com uma mistura de participantes antigos e novos, criando uma atmosfera de aprendizado e colaboração. Cada sessão foi marcada por trocas enriquecedoras e momentos de introspecção. No domingo à noite, após o encerramento do evento, Eliane se aproximou de mim com uma expressão preocupada. Ela me confidenciou que Elaine, sua irmã, havia sido diagnosticada com câncer de mama e que havia recebido a notícias há poucos dias. Com grande esperança no meu trabalho, perguntou se eu poderia realizar uma sessão de Ativação Frequencial de forma presencial para ela. Sem hesitar, concordei. Sentia que essa era uma oportunidade de oferecer ajuda em um momento crucial; mais do que apenas um trabalho, era uma missão de vida.

Na segunda-feira, depois de me despedir dos colegas e arrumar minhas coisas, peguei um Uber e fui ao encontro de Elaine, pois não podia me atrasar muito, já que embarcaria logo depois de ônibus para São Paulo. Chegando ao consultório onde realizaria a sessão, fui recebido por uma atmosfera acolhedora e serena. A sala estava decorada com cores suaves e elementos naturais, exalando uma sensação de paz e tranquilidade. Elaine, também terapeuta, parecia tranquila, apesar da gravidade da situação. Conversamos um pouco antes de iniciar a sessão, e pude sentir sua abertura e confiança.

Durante a sessão, algo extraordinário aconteceu: uma chuva torrencial começou a cair do lado de fora. O som das gotas pesadas batendo no telhado e na janela criou uma sinfonia natural que se misturava à energia da sessão. A energia na sala estava intensa, quase palpável. Quando terminei, fiquei em silêncio, observando Elaine ainda em estado meditativo. A chuva tinha um ritmo quase hipnótico, e o ambiente parecia carregado de uma energia indescritível. Enquanto observava o ambiente, notei algo curioso: uma grande poça de água visível. Foi um momento de profunda reflexão e mistério. A experiência foi intrigante e, de certa forma, mágica. Não consegui explicar o fenômeno, mas senti que algo muito profundo havia ocorrido.

Quando Elaine voltou à consciência, trocamos algumas palavras, e ela expressou uma sensação de alívio e clareza. A chuva, que antes caía com intensidade, agora estava mais suave. Despedi-me, peguei minhas coisas e parti para a rodoviária, ainda refletindo sobre a estranha poça d'água e o que ela poderia significar.

Nos dias que se seguiram, comecei a trocar mensagens com Elaine. Ela me relatou que estava passando por um processo de transformação interna, sentindo-se mais leve e conectada. Decidi então realizar algumas sessões à distância de Ativação Frequencial, sem que ela soubesse. Sentia que essa era uma maneira de continuar a apoiar sua jornada de cura, mesmo à distância. Nas sessões, me concentrava em enviar energias de cura e proteção, imaginando Elaine cercada por uma luz dourada e curativa.

Essas conversas com Elaine tornaram-se mais frequentes e profundas. Ela, que sempre demonstrou uma força e resiliência impressionante, estava agora mergulhada em um processo de autodescoberta e expansão de consciência, apesar de estar realizando tratamento convencional (quimioterapia, cirurgia, radioterapia e imunoterapia). Sempre que conversávamos, eu a encorajava a acreditar em si mesma, a confiar na sua capacidade de cura e transformação.

"Você tem um poder imenso dentro de si, Elaine", eu dizia, tentando transmitir a ela a convicção que sentia. "Essa força é maior do que qualquer desafio físico. Você é imortal, não no corpo, mas na essência. Esse entendimento é o que nos cura."

Elaine ouvia atentamente, absorvendo cada palavra. Percebia-se que, apesar das dificuldades, ela começava a internalizar essas ideias. Houve momentos em que ela confessava seus medos e incertezas, mas sempre terminávamos nossas conversas com uma nota de esperança e determinação.

"Eu estou aqui, Elaine. Você não está sozinha nessa jornada, estamos juntos, e a cura é possível. Força, menina." Essas trocas não eram apenas palavras de conforto; eram um convite para uma reflexão mais profunda sobre a vida, a saúde e o poder que cada um de nós possui. Eu sempre a lembrava de que a cura não vem de fora, mas de dentro. Explicava que, embora tratamentos médicos sejam válidos e muitas vezes necessários, eles são apenas ferramentas. A verdadeira cura vem da nossa conexão com o nosso ser interior, com aquela energia que a tudo permeia.

"Não se trata apenas de combater a doença", eu dizia. "Trata-se de entender o que a trouxe e o que precisamos aprender com ela. Cada desafio é uma oportunidade de expansão da consciência, de nos tornarmos mais inteiros e conectados com a nossa essência."

Essas conversas tornaram-se um pouco de apoio para Elaine. Ela passou a se dedicar ainda mais à sua própria cura, explorando diferentes práticas de autoconhecimento e espiritualidade. O processo foi intenso, cheio de altos e baixos, mas ela manteve a fé e a determinação.

Um dia, durante uma de nossas conversas, Elaine me falou sobre como estava começando a se sentir mais leve e conectada consigo mesma. "Sabe, eu sinto como se uma nova energia estivesse fluindo em mim", disse ela, com uma voz carregada de emoção. "É como se eu estivesse renascendo, descobrindo uma nova versão de mim." Aquelas palavras me emocionaram profundamente. Era um testemunho vivo do poder de cura que todos nós possuímos. Elaine estava descobrindo a força de sua própria luz, a capacidade de se curar e transformar. Esse processo não era apenas sobre superar uma doença física; era sobre uma transformação integral, uma renovação de vida.

Hoje, ao olhar para trás, vejo essa jornada com Elaine como uma prova do poder da fé, da resiliência e da capacidade humana de cura. Ela se tornou uma fonte de inspiração, não apenas para mim, mas para todos ao seu redor. Suas histórias relatadas são lembretes poderosos de que, independentemente das circunstâncias, sempre podemos encontrar uma maneira de nos curar e crescer. E assim, seguindo juntos, compartilhando luz e amor, ajudando a criar um mundo onde cada um possa descobrir e manifestar o seu potencial mais elevado. Elaine continua sua caminhada, agora mais forte e consciente do que nunca. E eu, do meu lado, sigo apoiando, aprendendo e celebrando cada vitória, cada pequeno passo rumo à plenitude e à paz interior.

# GANHO DE POTÊNCIA

### Dr. Túlio Fabiano de Oliveira Leite*

A Elaine havia comentado sobre o projeto deste livro na primeira ou segunda consulta, e achei bastante interessante e estimulante. Após alguns longos meses, ela retorna ao consultório para a grande felicidade de retirada do cateter e relata que o livro ganhou corpo e está em vias de publicação. Ela, com seu entusiasmo ímpar, dá um pequeno *spoiler* do seu diário. Diante da sua narrativa, fiz alguns comentários sobre experiências e percepções vivenciadas ao longo dos anos com pacientes oncológicos e, com seu regozijo, ela me fez a seguinte pergunta: "Gostaria de escrever um capítulo ou algumas palavras contando essas histórias?" Imediatamente aceitei como um desafio para quem está acostumado a escrever artigos e capítulos técnicos.

Quando os pacientes são encaminhados pelo oncologista para minha avaliação, seja para o implante do cateter para quimioterapia, denominado *port-a-cath*, seja para algum outro procedimento pela radiologia intervencionista ou cirurgia vascular, a maioria chega ao consultório com um semblante bastante preocupado, obnubilado, com inúmeras dúvidas e informações nunca tidas antes. Para apaziguar esse cenário, o acolhimento multidisci-

---

* Cirurgião Vascular – Faculdade de Medicina de Botucatu (UNESP). Radiologista Intervencionista – Faculdade de Medicina Da Universidade de São Paulo (USP). Doutor em Clínica Cirúrgica pela Faculdade de Medicina de Ribeirão Preto (FMRPUSP)

plinar é adequado, a fim de mitigar o árduo trajeto que se iniciará e que poderá perdurar por longos meses ou anos.

Ao longo dos anos de formação e residências, e boa parte em convívio com pacientes oncológicos, pude observar, sobretudo no dia a dia do consultório, que os pacientes na primeira consulta estavam, na maioria das vezes, acompanhados por amigos, filhos ou cônjuges. Além disso, a fisionomia das pacientes, uma parcela com câncer de mama, com um olhar desiludido, sensação de pouca perspectiva, de dúvidas existenciais que agora passam a fazer parte, pelo menos inicialmente, do tratamento. Traziam consigo inúmeros exames, uma pastinha organizada, como um diário que começa a ser preenchido e com um zelo de que não poderia deixar passar nenhuma informação naquele momento. Parecia que os exames, do mais simples ao mais robusto em tecnologia, tinham a mesma equivalência de importância. Talvez muitos daqueles eram completamente desconhecidos, assim como a especialidade radiologia intervencionista e o próprio cateter a ser implantado e que, naquela fase, começaria a fazer parte da rotina do tratamento.

Uma naca de pacientes desconhece o cateter e seus benefícios durante o tratamento. Ali começa uma explicação didática sobre o dispositivo que, em breve, seria posicionado no subcutâneo, a fim de ser utilizado para infusão de quimioterapia. É evidente que grande parte nunca ouviu falar do cateter. Várias dúvidas afloram perante o ineditismo: "Doutor, não é aquele cateter que fica para fora, né?!"; "E o risco de infecção ou rejeição?"; "Quando tempo ficarei com o cateter?" Após tranquilizá-las dizendo que o cateter ficará por baixo da gordurinha da pele, já é possível perceber um alívio momentâneo diante das novidades.

Para deixá-las mais tranquilas, sempre explico o que é o cateter, sua funcionalidade, seu objetivo, como e onde é implantado, que é um procedimento corriqueiro com ótima durabilidade e baixas taxas de infecções. A rotina do dia a dia pode ser mantida, como trabalhar, atividades físicas, ninar os netos no colo, namorar, e que, adequadamente manipulado nos centros de referência oncológica, ele irá acompanhá-las até o término do tratamento.

Após o acolhimento inicial, depois de entenderem o tipo de tratamento que será iniciado, de permitir que os pacientes passem suas demandas naquela consulta, a tensão está atenuada e ocorre a aceitabilidade do implante do cateter; a programação do procedimento passar a ter um ar mais amigável.

No dia do procedimento, já é possível perceber um ganho de potência e coragem para enfretamento dos desafios rumo ao sucesso. A nossa equipe se dedica a entregar uma experiência boa naquela fase do tratamento ou durante uma das possíveis cirurgias a que irão ser submetidas. Digo "boa" no sentindo de reduzir um pouco a ansiedade, o medo e as angústias. Dentre as várias maneiras que encontramos para conforto, uma delas foi a sedação realizada pela equipe da anestesia, a fim de mitigar a aflição, o pavor, a insegurança. Após o procedimento na sala de recuperação, a paciente já consegue comentar positivamente sua vivência naquele curto período.

Passam-se meses, às vezes alguns anos, e voltam para o dia da retirada do dispositivo. Quando entram no consultório, eu me pego ansiosamente perguntando: "Me diga que veio retirar o cateter?" – Sim, Doutor. Aquela fisionomia do abatimento na primeira consulta dá lugar à risibilidade, sensação e emoção prazerosa de ter valido a pena o enfrentamento dos desafios.

Por fim, o deleite de participar de alguns momentos do tratamento de inúmeros pacientes, cada um com suas demandas físicas e emocionais, e poder ser prova do sucesso de várias de vocês é algo que ficará guardado na memória afetiva do Túlio Leite médico, assim como do Túlio Leite amigo.

# HOJE SOU GRATA AO CÂNCER!

*A* **Elaine que sou hoje, a que me tornei, gosto muito mais do que a que eu era antes.**

Foi um processo que me forçou a agir diferente, e aprendi a me conhecer mais. Em um mergulho interno, através de minhas percepções e meus movimentos, desenvolvi minha coragem e o olhar para dentro de mim para saber o que me incomoda, saber o que me faz feliz e o que mantém o meu coração em plena harmonia e contentamento, para descobrir as minhas fragilidades, identificar minhas forças, saber qual é o meu lugar, perceber se quero ficar neste lugar e saber se este lugar tem condições para que eu fique e permaneça. Em todas as situações, temos os nossos devidos lugares, seja por merecimento, por amor, enfim, um autoconhecimento. O mais importante é o saber passar, pois tudo nessa Vida passa. Ter em mente que, a cada dia, o seu cuidado, um pouco a cada dia; a cada segundo, o seu valor. Viver o agora, o presente, e ter consciência de que o passado já foi. Não podemos voltar ao passado, atrás, e mudar a história ou fazer um novo recomeço, mas podemos, hoje, fazer um novo começo, diferente, e com certeza teremos um novo futuro, um novo fim.

# AGRADECIMENTOS

Aqui deixo o meu profundo agradecimento a Deus, por eu ter percorrido esse caminho de diagnóstico de câncer de mama da melhor maneira possível. Reconheço que em algumas situações poderia ter sido diferente ou até melhor, mas entendo também que, às vezes, era para ter sido desta mesma maneira; tudo tem uma razão de ser. Agradeço ao universo que conspirou ao meu favor. Foi até uma caminhada leve; apesar de todas as intercorrências, considero que foi amenizado.

Quando me divorciei, lá atrás, a minha cachorrinha Belinha, raça poodle, linda, com pelos brancos e manchas na cor abricó, teve câncer de mama (foi descoberto pelo veterinário entre um banho e outro), fizemos tratamentos, cirurgia e ela se curou, vivendo ainda por muitos longos anos, nos proporcionando alegrias e muito amor. Fica aqui uma questão: Belinha, naquela época, amenizou o meu diagnóstico de hoje? Ela sempre foi muito ligada a mim, companheira.

Só de eu não ter nenhum sintoma das medicações, da quimioterapia, imunoterapia, radioterapia, e ter somente o sono profundo, entendo que foi bênção recebida, e se recebi, é porque sou abençoada e tive merecimento.

Agradecer aos meus filhos, aos meus pais, minhas irmãs, meu irmão, meu namorado, meus familiares, meus alunos, minhas amigas, meus amigos, meus conhecidos e a todos que, de alguma forma, tiveram pensamentos em minha direção e emitiram vibrações que me sustentaram no fortalecimento de minha fé e de meu amor. E que não saíram de perto de mim; ficaram! Sou muito grata!

Hoje posso dizer que sou grata ao câncer de mama que vivi, no sentido de aprendizado, no sentido de passar por tudo o que passei e da forma que passei, no sentido de ter vivenciado tudo o que vivenciei e de ter em minhas percepções o entendimento nas conexões. Sou grata também por ser a pessoa que sou hoje; sem o câncer de mama, acredito que não teria essa oportunidade de ser a Elaine que me tornei. São processos dolorosos e, entendo, necessários, pois compreendo que ninguém se conhece na alegria, na abundância; precisamos de uns apertos para dar valor à essência da Vida. É na escassez que ocorrem aprendizados.

Tem um trecho de um poema de Fernando Pessoa que diz o seguinte:

"O que é preciso é ser-se natural e calmo
Na felicidade ou na infelicidade,
Sentir como quem olha,
Pensar como quem anda,
E quando se vai morrer, lembrar-se de que o dia morre,
E que o poente é belo e é bela à noite que fica...

Assim é e assim seja..."

Esse foi um poema que apareceu para mim muito no início do diagnóstico e me sustentou no dia a dia, a cada amanhecer. Tive, e ainda hoje tenho, músicas que me tocaram o coração e que me ajudam muito; tive mantras que ouvia diariamente, como, por exemplo, o mantra da prosperidade, a oração do Ho'oponopono, dedicação à minha espiritualidade... Os meios que formei ao longo do caminho do tratamento foram fundamentais em tudo que fiz e continuo fazendo. Escolhi caminhos mais leves; foi minha opção durante esses 365 dias. Tive sonhos e realizei alguns; tive desejos, alguns não concluídos, mas outro sim; fiz dias maravilhosos e noites de sono reparador; algumas noites em claro de preocupações; tive condições de avaliar cada situação, ou pelo menos tentei, e nas escolhas que elas me ofereciam, com certeza havia sempre no mínimo duas opções, e pude decidir qual o melhor caminho a seguir. Foram alguns desencontros, mas muitos outros encontros, a começar com o meu encontro comigo mesma.

Em um vídeo do Instagram, Míria de Amorim, idealizadora do BioFAO, uma medicina para um novo tempo, desenvolve um trabalho que acompanho sempre, sobre os Sopros Sufis, e faz ancoramento com as lições do livro *Um Curso em Milagres*. Ele tem uma frase para cada dia; é maravilhoso! Neste caso, ela utilizou a lição 302 e trouxe uma frase muita linda:

"Onde havia escuridão eu contemplo a luz." (Chaturmukham Mudra)

Ela explica como fazer as nossas conexões e estar presente. Sair da normose. Mudar a história e ver a luz. Ter presença para a energia te achar. E as bênçãos começam a acontecer.

"O Amor nos espera quando vamos até Ele, que é o nosso Deus interior e está ao nosso lado o tempo todo mostrando o caminho. Ele não falha em nada. É o fim que buscamos. E o meio no qual vamos até Ele. É o caminho que nos sustenta, e nos leva a buscar a conexão, Eu, Amor."

E apresenta esta lição para conectar com o Eu superior, com o Cristo interior:

> "Pai, os nossos olhos enfim estão se abrindo,
> O Teu mundo santo nos espera,
> Enquanto a nossa vista é enfim restituída e podemos ver,
> Pensávamos que sofríamos, mas havíamos esquecido o filho que criaste,
> Agora vemos que a escuridão é a nossa própria imaginação,
> E a luz existe para que olhemos para ela,
> A visão de Cristo transforma a escuridão em luz,
> Pois quando vem o amor, o medo tem que desaparecer,
> Que hoje eu perdoe o Teu mundo santo para que eu possa olhar para a Sua santidade e compreender que apenas reflete a minha."

Ganhei uma pulseira de minha sobrinha Suyá que adorei, com pedras naturais, e o símbolo do câncer de mama dependurado com os seguintes dizeres: Obrigada!

> "O que o câncer não pode fazer...
> O câncer é tão limitado
> Isso não pode paralisar o amor
> Não pode corroer a fé
> Não pode destruir a confiança
> Não pode destruir a esperança
> Não pode silenciar a coragem
> Não pode conquistar o espírito
> Vamos superar isso juntos
> Use essa pulseira como um lembrete de que você nunca está sozinho."

Nunca estive só, nunca me senti só e nunca estarei só!

Tenho comigo todo o agradecimento a todas as pessoas que estiveram bem de pertinho ao meu lado, àquelas que um pouco longe também estiveram ao meu lado, seja em pensamentos, em orações, seja da forma que for, recebam agora o meu abraço apertado de coração para coração. Sou muito grata!

Eu acredito que todo processo de cura requer desintoxicação. Como desintoxicar? Desintoxicação de quê? De pensamentos, emoções, medos, traumas, padrões enraizados, crenças limitantes, relações, sentimentos velhos e negativos.

Avaliar cada um, identificar, é muito difícil. Muitas vezes temos feridas que nem sabemos que estão lá, quietinhas em algum lugar em nosso corpo, em caixinhas pretas, que por descuido deixamos entrarem, e elas se encontram lá, são elas que nos impedem de avançarmos em determinado caminho ou aspecto em nossas vidas. Não percebemos a força que elas têm e como atuam sobre nós. E aí vem um diagnóstico assustador para detonar a sua vida. E percebemos que precisa ser feito algo, um tratamento, por exemplo, ir em busca de melhoras, de tratamentos, de ajuda.

A jornada de cura não é fácil, dói, incomoda muito, se torna sufocante e cansativa. E muitas vezes desistir é mais fácil, é mais cômodo, porque já estamos em uma zona de conforto. Mudar essa vibração dá muito mais trabalho, exige disciplina, empenho, coragem, persistência e autoconhecimento. É uma desconstrução para uma nova construção.

E para renascer e florescer tem todo um caminho longo, e se faz necessário limpar tudo, tudo mesmo. Imagina tudo, imagina uma faxina; é muita coisa acumulada durante uma vida, é tudo o que não te acrescenta… é tudo que fica engasgado… é tudo que te incomoda… é tudo que te faz mal… é tudo que te separa da própria essência… é tudo que te impede de evoluir… é tudo que te impede de crescer e te para… é tudo que te aconteceu e você não percebeu ou deixou acontecer. Acabamos permitindo.

Buscar mudanças, buscar a evolução… Seja a sua própria cura!

Cada um de nós tem esse poder. Acreditar, confiar, ter fé.

O melhor caminho é esse mesmo, repleto de desafios. Afinal, estamos aqui para isso.

Para florescermos, precisamos cuidar do nosso jardim, desse jardim interior, cultivar, adubar, hidratar, e só assim vamos mergulhar em nós mesmos, cuidando ainda melhor do nosso eu.

Só uma curiosidade que tive com a minha ancestralidade: para eu nascer, precisei de 2 pais, 4 avós, 8 bisavós, 16 tataravós, 32 tetravós, 64 pentavós, 138 hexavós, 256 heptavós, 512 octavós, 1024 enavós, 2048 decavós. Somente nas últimas 11 gerações, foram necessários 4094 ancestrais. Tudo isso em aproximadamente 300 anos antes de eu nascer. Então, vamos pensar um pouquinho... De onde vieram? Quantas lutas lutaram e enfrentaram? Quanta fome passaram? Quantas guerras viveram? Por outro lado, quanto amor, força, alegria e estímulos herdei? Quanto de sua força precisei para sobreviver, quanto cada um deles teve e deixou junto de nós para que hoje eu esteja viva? Só existo graças a tudo o que cada um deles passou. Todos somos um. Devemos despertar a consciência para quem somos, para a bagagem que trazemos, compreender um pouco a nossa ancestralidade e saber que ela exerce um papel em nossas vidas, influenciando profundamente nossos padrões comportamentais.

Minha ancestralidade, sinto muito por tudo que vocês passaram. Peço que me abençoem se eu fizer diferente.

Honrá-los é abrir caminhos para a nossa compreensão e para a cura de questões não resolvidas que podem estar nos limitando, tanto no plano material quanto no espiritual. Ao valorizar nossa herança ancestral, encontramos *insights* valiosos para a transformação pessoal e para o crescimento espiritual (Física Quântica).

Aqui deixo uma oração de coração:

"Querido universo, que eu me liberte do que me impede de seguir, que eu me permita deixar para trás tudo aquilo que me impede de avançar e evoluir, sejam medos, crenças, dúvidas ou julgamentos. Que as amarras que me foram impostas ou que eu mesma me coloquei sejam desfeitas, e que eu me sinta livre e leve para seguir, mesmo na incerteza. Decreto que na minha realidade não mais haverá espaço para o temer, confiarei em ti e em mim mesma, me permitindo seguir em direção à minha melhor versão. A partir de hoje reconheço que apenas eu posso me parar, por isso me permitirei olhar a vida de uma nova perspectiva, tendo a clareza de que sou livre para escolher e escolherei de um espaço de total permissão, caminhando em direção à minha evolução. Assim é! Sou grata!"

EUZINHA!!

Eu encerro agora as histórias inacabadas, as situações mal resolvidas, as experiências mal digeridas do passado.

Eu coloco o ponto final, o basta, o limite tão necessário naquilo que não faz mais sentido em minha vida.

Eu aceito concluir essa fase, me libertando de tudo que me prendia ao velho e ao ultrapassado.

Que minhas experiências antigas não me tragam o peso da dor, e sim a sabedoria que guia meus passos.

Que eu jamais permaneça naquilo que me prende, me sufoca ou me limita.

Eu me permito fluir com a vida, com as mudanças e com as transformações.

Eu coloco um fim em todas as dores que não havia superado, em todas as desilusões afetivas que tive, em todas as mágoas que me ligavam ao passado.

Todos os nós, desentendimentos, inconformidades são desfeitos agora.

Eu encerro os ciclos antigos, os desagradáveis e os desafiadores.

Estou com a consciência tranquila de que cumpri minha missão com eles e que eles cumpriram sua função comigo. Sigo adiante com aprendizados e amadurecimento, pronta para novos ciclos que se iniciam agora.

Eu aceito o fim e me permito, e me abro para as bênçãos dos recomeços, para todo o amor, para a abundância, para a saúde e para a prosperidade que me aguardam. Assim é!

**CRIVO EDITORIAL**
r. Fernandes Tourinho // n. 602 // sl. 502
30.112-000 // Funcionários // BH // MG

- crivoeditorial.com.br
- contato@crivoeditorial.com.br
- facebook.com/crivoeditorial
- instagram.com/crivoeditorial
- loja.crivoeditorial.com.br